Libretti d'opera 1

10

GW00694193

OTELLO

DRAMMA LIRICO IN QUATTRO ATTI

LIBRETTO DI ARRIGO BOITO
MUSICA DI GIUSEPPE VERDI

a cura di Mario Cardona

BONACCI EDITORE

Printed in Italy

Bonacci editore srl
Via Paolo Mercuri, 8
00193 ROMA (Italia)
tel:(++39)06.68.30.00.04
fax:(++39)06.68.80.63.82
e-mail: info@bonacci.it
http://www.bonacci.it

© Bonacci editore, Roma 1999
ISBN 88-7573-358-9

INTRODUZIONE

L'*Otello* andò in scena al Teatro della Scala di Milano il 5 febbraio 1887, a quindici anni di distanza dall'*Aida*.

Negli anni che intercorrono tra le due opere, Verdi si era dedicato alla revisione del *Simon Boccanegra* e del *Don Carlos* ed aveva presentato nel 1874 a Milano, nella chiesa di San Marco, la *Messa di Requiem* composta per il primo anniversario della morte di Alessandro Manzoni.

Il progetto dell'Otello fu originariamente un'idea di Giulio Ricordi il quale, ben conoscendo la passione di Verdi per il teatro di Shakespeare (nel '47 aveva musicato il *Macbeth*) sperava di convincere il Maestro ad accingersi ad una nuova grande opera.

La riduzione del libretto sarebbe stata affidata al letterato e musicista Arrigo Boito, che già in passato aveva collaborato con Verdi: nel '62 per il testo dell'*Inno alle Nazioni* per l'esposizione di Londra e per la rielaborazione del libretto del *Simon Boccanegra*.

Boito, in effetti, d'accordo con l'editore Ricordi, presentò a Verdi una prima bozza di riduzione librettistica dell'*Otello*, ottenendo però inizialmente un netto rifiuto. Forse alla base del rifiuto vi era lo scarso sentimento di amicizia con Boito. Questi nel '63 aveva rilasciato una pesante dichiarazione dopo il successo dei *Profughi fiamminghi* in cui tacciava Verdi di essere un musicista reazionario. Anche durante la gestazione dell'opera tra i due vi fu qualche screzio.

Tuttavia, nel 1879, dopo aver letto una redazione definitiva del libretto Verdi fece un primo passo acquistandolo.

A parte l'eliminazione del primo atto ed alcune differenze dovute alla necessità di condensazione dell'opera, esso segue abbastanza fedelmente il testo shakespeariano.

Sarebbero però passati ancora cinque anni senza che il Maestro scrivesse neppure una nota dell'opera. Solo nell'84 infatti Verdi si dedicò alla stesura del primo atto, come attesta una sua lettera del 9 dicembre. L'opera fu terminata nell'86.

La prima, in una sala gremitissima, riscosse enorme successo di pubblico e critica; vennero concessi tre bis: il coro *Fuoco di gioia* (atto I), l'*Ave Maria* di Desdemona e l'interludio di contrabbassi (atto IV): il Consiglio comunale di Milano conferì a Verdi la cittadinanza onoraria.

OTELLO, Moro, generale dell'armata veneta . . . .*tenore*
JAGO, Alfiere . . . .*baritono*
CASSIO, Capo di squadra . . . .*tenore*
RODERIGO, Gentiluomo veneziano . . . .*tenore*
LODOVICO, Ambasciatore della repubblica veneta . . . .*basso*
MONTANO, Predecessore di Otello nel governo dell'isola di Cipro . . . .*basso*
UN ARALDO . . . .*basso*
DESDEMONA, Moglie di Otello . . . .*soprano*
EMILIA, Moglie di Jago . . . .*mezzosoprano*

Soldati e marinai della Repubblica Veneta
Gentildonne e Gentiluomini Veneziani – Popolani Ciprioti d'ambo i sessi
Uomini d'arme Greci, Dalmati, Albanesi – Fanciulli dell'isola
Un Taverniere – Quattro servi di taverna – Bassa ciurma

Scena: una città di mare dell'isola di Cipro.
Epoca: la fine del secolo XV

ATTO PRIMO

«*spaldi*»: spalti; nel-
le fortificazioni, muro
che circondava il
cammino di ronda.
3. «*vessillo*»: bandie-
ra, stendardo, inse-
gna; simbolo, emble-
ma.
5. «*l'alato leon*»: il
leone alato era il
simbolo della
Repubblica di
Venezia.
10. «*Duce*»: capo,
condottiero.
13. «*Rostro*»: la prua
della nave. Nell'anti-
chità si definiva così
uno sperone innesta-
to nelle navi da guer-
ra per squarciare il
fianco delle navi ne-
miche.

L'ESTERNO DEL CASTELLO

Una taverna con pergolato. Gli spaldi nel fondo e il mare.
È sera. Lampi, tuoni, uragano.

SCENA PRIMA

Jago, Roderigo, Cassio, Montano, più tardi Otello.
Ciprioti e soldati veneti.

ALCUNI DEL CORO
Una vela!
ALTRI DEL CORO
Una vela!
IL PRIMO GRUPPO
Un vessillo!
IL SECONDO GRUPPO
Un vessillo!
MONTANO
5   È l'alato leon!
CASSIO
Or la folgor lo svela.
ALCUNI che sopraggiungono
Uno squillo!
ALTRI che sopraggiungono
Uno squillo! (colpo di cannone)
TUTTI
Ha tuonato il cannon!
CASSIO
10   È la nave del Duce.
MONTANO
Or s'affonda.
Or s'inciela...
CASSIO
Erge il rostro dall'onda.

6

L'ESTERNO DEL CASTELLO

Una taverna con pergolato.
Sullo sfondo, delle fortificazioni e il mare.
È sera. Lampi e tuoni. Una violenta tempesta.

SCENA PRIMA

Jago, Roderigo, Cassio, Montano, più tardi Otello.
Ciprioti e soldati veneti.

ALCUNI DEL CORO
Una vela!
ALTRI DEL CORO
Una vela!
IL PRIMO GRUPPO
Un'insegna!
IL SECONDO GRUPPO
Un'insegna!
MONTANO
È il leone alato!
CASSIO
Ora un fulmine lo illumina.
ALCUNI che arrivano
Uno squillo di tromba!
ALTRI che arrivano
Uno squillo! (colpo di cannone)
TUTTI
Ha tuonato il cannone.
CASSIO
È la nave del comandante.
MONTANO
Ora affonda.
Ora s'innalza verso il cielo...
CASSIO
La prua emerge dalle onde.

L'opera inizia in *medias res*. Siamo nel porto di Cipro. La galea di Otello tenta di giungervi e di gettare l'ancora malgrado l'infuriare dell'uragano. La partitura si apre senza segni in chiave e ciò farebbe presupporre una tonalità di Do maggiore o La minore. Invece si apre una scala di Fa maggiore che partendo da un Sol porta ad un accordo di undicesima sulla dominante di Fa. La strumentazione prevede inoltre due grancasse e tre note di organo con intervallo di semitono «nel registro dei contrabbassi e timpani». Corni e legni suggeriscono le raffiche di vento. Il flauto, l'ottavino e l'oboe raffigurano i lampi.

17 «*Aure*»: aria, brezza, vento leggero.
18 «*Etra*»: poet. aria, cielo. «*Torvo*»: in genere è riferito ad uno sguardo o ad una espressione che denota diffidenza, astio o minaccia.
19. «*Bieco*»: minaccioso, sinistro, allucinante. «*Tetro*»: fosco, minaccioso, sinistro; dall'aspetto, triste e squallido.
20. «*Caligine*»: nebbia, bruma, foschia; fig. (della mente o dello spirito) offuscamento, ottenebramento.
21. «*Funesta*»: che provoca o ricorda lutto e morte.
22. «*A valchi*»: variante arcaica o poetica di valico; passaggio da una parte ad un'altra, in genere si riferisce al superamento di contrafforti montuosi. In questo caso Boito rende poeticamente l'immagine della nave che supera le alte onde del mare in tempesta. «*Aquilon*»: si riferisce al vessillo e per sineddoche al-

METÀ DEL CORO
Nelle nubi si cela e nel mar,
15 E alla luce dei lampi ne appar.
TUTTI
Lampi! Tuoni! Gorghi! Turbi tempestosi
[e fulmini!
Treman l'onde, treman l'aure, treman basi
[e culmini,
Fende l'etra un torvo e cieco spirito di
[vertigine,
Iddio scuote il ciel bieco, come un tetro
[vel.
20 Tutto è fumo! Tutto è fuoco! L'orrida
[caligine
Si fa incendio, poi si spegne più funesta,
[spasima
L'universo, accorre a valchi l'aquilon
[fantasma,
I titanici oricalchi squillano nel ciel.
(Entrano dal fondo molte donne del popolo.)
TUTTI (con gesti di spavento e di supplicazione e rivolti verso lo spaldo)
Dio, fulgor della bufera!
25 Dio, sorriso della duna!
Salva l'arca e la bandiera
Della veneta fortuna!
Tu, che reggi gli astri e il Fato!
Tu, che imperi al mondo e al ciel!
30 Fa che in fondo al mar placato
Posi l'ancora fedel.
JAGO
È infranto l'artimon!
RODERIGO
Il rostro piomba
Su quello scoglio!
CORO
35 Aita! Aita!
JAGO (a Roderigo)
(L'alvo frenetico del mar sia la sua
[tomba!)

METÀ DEL CORO
È nascosta fra le nubi e il mare,
E appare alla luce dei lampi.
TUTTI
Lampi! Tuoni! Vortici! Raffiche di tempesta
        [e fulmini!
Si agita il mare, rimbomba il cielo, tremano le
       [pianure e i monti,
Un minaccioso e oscuro senso di turbamento
        [attraversa l'aria,
Dio scuote il cielo minaccioso, come un drappo
        [nero e triste.
Tutto è fumo! Tutto è fuoco! L'orribile nebbia

È illuminata dal fulmine, poi si oscura più
        [funesta,
L'universo trema, avanza tra le onde la nave
        [fantasma,
Le trombe dei titani squillano nel cielo.
(Entrano dal fondo molte donne del popolo.)
TUTTI (con gesti di spavento e di supplica e rivolti verso
 le fortificazioni)
Dio, luce splendente della bufera!
Dio, sorriso del deserto!
Salva la nave e la bandiera
Della fortuna di Venezia!
Tu, che governi le stelle ed il destino!
Tu, che comandi al mondo e al cielo!
Fa' che in fondo al mare placato
Si appoggi sicura l'ancora.
JAGO
L'albero della nave si è spezzato!
RODERIGO
La prua sta per finire
Su quello scoglio!
CORO
Aiuto! Aiuto!
JAGO (a Roderigo)
(Il fondo tempestoso del mare sia la sua tomba!)

18. Le terzine di crome degli archi sottolineano il drammatico imperversare dell'uragano. Ottoni e tromboni all'unisono sono i tremendi squilli dei «titanici oricalchi.»

24. La preghiera corale è sostenuta dall'orchestra che raggiunge qui il massimo della sonorità, a sottolineare la violenza della tempesta con trilli di trombone, mentre personaggi e coro descrivono il drammatico avvicinarsi al porto della nave di Otello.

la nave che rischiarata dai fulmini avanza fra le onde come un fantasma.

23. «*Titanici*»: Titani erano chiamati i sei figli di Urano e Gea che tentarono l'impossibile impresa di conquistare l'Olimpo e furono sconfitti da Zeus. Titanico significa dunque al di là delle possibilità umane. Una sfida o un'impresa lanciata ai limiti dell'impossibile. «*Oricalchi*»: era un'antica lega di rame e zinco. Lett.: ottone; fig.: tromba.

32. «*Artimon*»: in marina, gabbia; anche vela e albero di mezzana.

36. «*Alvo*»: lett. ventre, intestino. Fig. cavità, parte interna.

38. «*palischermi*»: scialuppe.

«*Rocca*»: fortificazione costruita in luogo elevato.

54. «*Requie*»: riposo. In questo caso viene da requiem, preghiera per i defunti, riposo eterno.

CORO
È salvo! È salvo!
VOCI INTERNE
Gittate i palischermi!
Mani alle funi! Fermi!
PRIMA PARTE CORO
40 Forza ai remi!
SECONDA PARTE
Alla riva!…
(tuono lontano)
VOCI INTERNE
All'approdo! Allo sbarco!
ALTRE VOCI INTERNE
Evviva! Evviva!
OTELLO
(dalla scala della spiaggia salendo sullo spaldo con seguito di marinai e di soldati.)
Esultate! L'orgoglio musulmano
45 Sepolto è in mar,
Nostra e del cielo è gloria!
Dopo l'armi lo vinse l'uragano.
TUTTI
Evviva Otello! - Vittoria! Vittoria!
(Otello entra nella rocca, seguito da Cassio, Montano e dai soldati.)
Vittoria! Sterminio!
50 Dispersi, distrutti,
Sepolti nell'orrido
Tumulto piombar.
Vittoria! Vittoria!
Avranno per requie
55 La sferza dei flutti,
La ridda dei turbini,
L'abisso del mar.
CORO
Si calma la bufera.
JAGO
(in disparte a Roderigo)
Roderigo,
60 Ebben che pensi?

CORO
È salvo! È salvo!
VOCI ALL'INTERNO
Calate le scialuppe!
Prendete le corde! Fermi!
PRIMA PARTE DEL CORO
Forza ai remi!
SECONDA PARTE
A riva!...
(tuono lontano)
VOCI ALL'INTERNO
Al molo! Allo sbarco!
ALTRE VOCI ALL'INTERNO
Evviva! Evviva!
OTELLO
(salendo sugli spalti dalla scala della spiaggia seguito da marinai e da soldati.)
Siate felici! L'orgoglio musulmano
È sepolto in mare,
La gloria è nostra e del cielo!
Dopo la battaglia lo ha vinto la tempesta.
TUTTI
Evviva Otello! - Vittoria! Vittoria!
(Otello entra nella rocca del castello, seguito da Cassio, Montano e dai soldati.)
Vittoria! Sterminio!
Dispersi, distrutti,
Sono sprofondati
Nell'orribile tempesta
Vittoria! Vittoria!
Avranno come tomba
La violenza delle onde,
Il turbinio dei venti,
L'abisso del mare.
CORO
La bufera si calma.
JAGO
(in disparte a Roderigo)
Roderigo,
Ebbene, a cosa pensi?

37. Il grande affresco della scena iniziale, in un rincorrersi di esclamazioni, invocazioni, improvvise esplosioni sinfonico-corali, si prepara a risolversi nell'accordo di quarta e sesta di Mi maggiore su cui il coro intona «*è salvo!*»

38. Torna il motivo che sottolinea l'avanzare della nave, mentre sei bassi, che interpretano le voci della ciurma, impartiscono gli ordini per le manovre necessarie all'approdo.

44. La nave infine guadagna il porto. È l'entrata trionfale di Otello con il suo «a solo». Ora la tonalità è di Mi maggiore, che spesso in Verdi costituisce la tonalità del potere. Si tratta di un passaggio di particolare difficoltà per i tenori, sia per l'altezza delle note sul pentagramma, sia per l'interpretazione, che deve saper far cogliere alcune caratteristiche del perso-

?»: frusta;
...ⲟⲓenza irresistibile.

56. «*Ridda*»: movimento vorticoso, disordinato, convulso, che frastorna e stordisce.

«*Andirivieni*»: viavai, continuo andare e venire di persone.

«*Catasta*»: mucchio, cumulo di legna da ardere.

«*S'accalca*»: si concentra, si stipa, si ammassa.

68. «*Uggia*»: sensazione di noia mista ad inquietudine.

«*Foschi*»: di colore scuro; fig. torvo, minaccioso, che non promette nulla di buono.

71. «*Ambascia*»: difficoltà di respiro, affanno; fig. oppressione spirituale, angoscia, afflizione, ansia.

«*Crocchio*»: capannello, gruppo di persone.

78. «*Azzimato*»: vestito con cura insolita ed estrema ricercatezza.

83. «*Signoria*»: titolo d'onore usato in passato con valore

RODERIGO
D'affogarmi...
(Nel fondo è un <u>andirivieni</u> della ciurma che sale dalla scala della spiaggia ed entra nel castello portando armi e bagagli, mentre dei popolani escono da dietro la rocca portando dei rami da ardere presso lo spaldo; alcuni soldati con fiaccole illuminano la via percorsa da questa gentc.)
JAGO
Stolto
È chi s'affoga per amor di donna.
RODERIGO
Vincer nol so.
(alcuni del popolo formano da un lato una <u>catasta</u> di legna: la folla <u>s'accalca</u> intorno turbolenta e curiosa.)
JAGO
65 Suvvia, fa senno, aspetta
L'opra del tempo. A Desdemona bella,
Che nel segreto de' tuoi sogni adori,
Presto in uggia verranno i foschi baci
Di quel selvaggio dalle gonfie labbra.
70 Buon Roderigo, amico tuo sincero
Mi ti professo, né in più forte ambascia
Soccorrerti potrei. Se un fragil voto
Di femmina non è tropp'arduo nodo
Pel genio mio né per l'inferno, giuro
75 Che quella donna sarà tua. M'ascolta,
Benché io finga d'amarlo, odio quel
           [Moro...
(entra Cassio; poi s'unisce a un <u>crocchio</u> di soldati.)
(Jago sempre in disparte a Roderigo)
...E una cagion dell'ira, eccola, guarda.
(indicando Cassio)
Quell'azzimato capitano usurpa
Il grado mio, il grado mio che in cento
80 Ben pugnate battaglie ho meritato;
Tal fu il voler d'Otello, ed io rimango
Di sua moresca signoria l'alfiere!
(dalla catasta incominciano ad alzarsi dei globi di fumo sempre più denso.)

RODERIGO

D'affogarmi...

(Nel fondo è un viavai dell'equipaggio che sale dalla scala della spiaggia ed entra nel castello portando armi e bagagli, mentre dei popolani escono da dietro la rocca portando dei rami da ardere presso la fortificazione; alcuni soldati con fiaccole illuminano la via percorsa da questa gente.)

JAGO

È stupido
Chi si affoga per amore di una donna.

RODERIGO

Non riesco a dominarmi.

(alcuni del popolo formano da un lato un mucchio di legna: la folla s'accalca intorno turbolenta e curiosa.)

JAGO

Suvvia, ragiona, attendi
L'opera del tempo. Alla bella Desdemona,
Che adori nel segreto dei tuoi sogni,
Presto daranno fastidio i baci ripugnanti
Di quel selvaggio dalle labbra gonfie.
Buon Roderigo, io ti dichiaro
La mia sincera amicizia e non c'è peggior disgrazia
In cui potrei aiutarti. Se l'incostante promessa
Di una donna non è un nodo troppo difficile
                                        [da sciogliere
Per la mia abilità oppure per l'inferno, giuro
Che quella donna sarà tua. Ascoltami,
Benché io finga di amarlo, odio quel Moro...

(entra Cassio; poi s'unisce a un gruppo di soldati.)

(Jago sempre in disparte a Roderigo)

... E una ragione della mia rabbia, eccola, guarda.

(indicando Cassio)

Quell'elegante capitano ruba
Il mio grado, quel grado che ho meritato
In cento battaglie ben combattute;
Questa fu la volontà di Otello, ed io rimango
L'alfiere di sua moresca signoria!

(dalla catasta incominciano ad alzarsi delle nuvole di fumo sempre più denso.)

naggio: il coraggio e la forza che possono trasformarsi in violenza.

59. Il dialogo tra Jago e Roderigo è preso da Shakespeare. Verdi musica gli endecasillabi di Boito in stile recitativo. Si tratta di un passaggio molto importante nell'economia dell'opera. Racchiuso tra due interventi del coro: «esultate» e «fuoco di gioia», esso ci presenta il personaggio di Jago in tutta la sua complessità, passando da scatti d'ira a momenti melodici, declamatori, o di istrionica ironia.

71. La melodia accompagna la falsità di Jago che si professa amico di Roderigo, ma l'orchestra, nella danza che accompagna le parole di Jago «se fragil voto di femmina», sottolineando la parola «inferno» rivela la malvagia trama di Jago che Roderigo non può cogliere.

di pronome di terza
persona, di solito,
come in questo ca-
so, accompagnato
dall'aggettivo pos-
sessivo. È tuttora in
uso in alcune zone
d'Italia, oppure in
espressioni scherzo-
se. Nell'espressione
di Jago si coglie
un'accezione di iro-
nia e disprezzo.
88. «*Fuga*»: mettere
in fuga, spazzare via,
dissipare.
89. «*Guizza*»: si muo-
ve con scatti agili e
improvvisi, con rapidi
movimenti repentini.
«*Sfavilla*»: risplende
di luce viva e abba-
gliante. «*Crepita*»:
produce rumori sec-
chi, fitti, insistenti.
«*Avvampa*»: accen-
dersi con una rapida
fiamma; risplendere,
infiammare; fig. es-
sere in preda alla
passione.
91. «*Sembianti*»:
aspetto o lineamenti
del volto; aspetto o
apparenza.
92. «*Stuol*»: schiera,
moltitudine.
98. «*Spiro*»: poet.
soffio; fig. spirito,
anima.

Ma com'è ver che tu Roderigo sei,
Così é pur vero, che se il Moro io fossi
85 Vedermi non vorrei d'attorno un Jago.
Se tu m'ascolti...
(Jago conduce Roderigo verso il fondo.)
(Il fuoco divampa, i soldati s'affollano intorno alle
tavole della taverna.)
CORO
(mentre dura il canto intorno al fuoco di gioia, i ta-
vernieri appenderanno al pergolato dell'osteria del-
le lanterne veneziane a vari colori che illumineranno
gaiamente la scena. I soldati si saranno adunati in-
torno alle tavole, parte seduti, parte in piedi, ciar-
lando e bevendo.)
Fuoco di gioia! - l'ilare vampa
Fuga la notte - col suo splendor,
Guizza, sfavilla, - crepita, avvampa,
90 Fulgido incendio - che invade il cor.
Dal raggio attratti, - vaghi sembianti
Movono intorno - mutando stuol,
E son fanciulle - dai lieti canti,
E son farfalle dall'igneo vol.
95 Arde la palma - col sicomoro,
Canta la sposa - col suo fedel,
Sull'aurea fiamma, - sul gaio coro
Soffia l'ardente - spiro del ciel.
Fuoco di gioia - rapido brilla!
100 Rapido passa - fuoco d'amor!
Splende, s'oscura, - palpita, oscilla,
L'ultimo guizzo - lampeggia e muor.
(il fuoco si spegne a poco a poco: la bufera è ces-
sata.)
(Jago, Roderigo, Cassio e parecchi altri uomini d'ar-
me intorno a un tavolo dove c'è del vino: parte in
piedi, parte seduti.)
JAGO
Roderigo, beviam! Qua la tazza,
Capitano.
CASSIO
105 Non bevo più.

Ma come è vero che tu sei Roderigo,
Così é altrettanto vero, che se io fossi il Moro
Non vorrei vedere intorno a me uno come Jago.
Se mi ascolti...
(Jago conduce Roderigo verso il fondo)
(Il fuoco divampa, i soldati s'affollano intorno alle tavole della taverna.)
CORO
(mentre continuano i canti di gioia intorno al fuoco, i tavernieri appenderanno al pergolato dell'osteria delle lanterne veneziane a vari colori che illumineranno gaiamente la scena. I soldati si saranno raccolti intorno alle tavole, parte seduti, parte in piedi, chiacchierando e bevendo.)
Fuoco di gioia! La gioiosa fiamma
Allontana la notte col suo splendore,
Si agita, lancia faville, fa rumore, incendia,
Splendente incendio che riempie il cuore.
Attratte dalla luce, vaghe figure
Si muovono intorno cambiando schiera,
E sono fanciulle dai lieti canti,
E sono farfalle dal volo infuocato.
Bruciano la palma ed il sicomoro,
Canta la sposa col suo sposo fedele,
Sulla fiamma dorata, sul lieto coro
Soffia il vento ardente del cielo.
Rapido brilla il fuoco della gioia!
Rapido passa il fuoco dell'amore!
Splende, si oscura, palpita, oscilla,
L'ultimo guizzo lampeggia e muore.
(il fuoco si spegne a poco a poco: la bufera è cessata.)
(Jago, Roderigo, Cassio e parecchi altri uomini d'arme intorno a un tavolo dove c'è del vino: parte in piedi, parte seduti.)
JAGO
Roderigo, beviamo! Qua la coppa,
Capitano.
CASSIO
Non bevo più.

87. Il coro *«fuoco di gioia»* è costituito da un intreccio di melodie, alcune di brevissima durata, quasi inafferrabili come le fiamme che descrivono, fino al decrescendo che simbolizza lo spegnersi del fuoco.

121. «*Lo ascolta*»:
nel libretto di Boito
alla seconda perso-
na singolare dell'im-
perativo il pronome
personale è sempre
in posizione proclti-
ca, mentre nell'italia-
no corrente è solo in
posizione enclitica
(ascoltami).

JAGO
(avvicinando il boccale alla tazza di Cassio.)
Ingoia
Questo sorso.

CASSIO
(ritirando il bicchiere.)
No.

JAGO
Guarda!
110 Oggi impazza
Tutta Cipro! È una notte di gioia,
Dunque...

CASSIO
Cessa. Già m'arde il cervello
Per un nappo vuotato.

JAGO
115 Sì, ancora
Bever devi. Alle nozze d'Otello
E Desdemona!

TUTTI
(tranne Roderigo)
Evviva!

CASSIO
(alzando il bicchiere e bevendo un poco)
Essa infiora
120 Questo lido!

JAGO
(sotto voce a Roderigo)
(Lo ascolta.)

CASSIO
Col vago
Suo raggiar chiama i cuori a raccolta.

RODERIGO
Pur modesta essa è tanto.

CASSIO
125 Tu, Jago,
Canterai le sue lodi!

JAGO
(a Roderigo)
(Lo ascolta)

JAGO
(avvicinando il boccale alla coppa di Cassio)
Manda giù
Questo sorso.
CASSIO
(ritirando il bicchiere)
No.
JAGO
Guarda!
Oggi sembra impazzita
Tutta Cipro! È una notte di gioia,
Dunque...
CASSIO
Smettila. Già mi brucia il cervello
Per aver vuotato un calice.
JAGO
Sì, ancora
Devi bere. Brindiamo alle nozze di Otello
E Desdemona!
TUTTI
(tranne Roderigo)
Evviva!
CASSIO
(alzando il bicchiere e bevendo un poco)
Essa rende incantevole
Questo luogo!
JAGO
(sottovoce a Roderigo)
(Ascoltalo.)
CASSIO
Con il suo sguardo
Splendente chiama i cuori a raccolta.
RODERIGO
Eppure è tanto discreta.
CASSIO
Tu, Jago,
Canterai le sue lodi!
JAGO
(a Roderigo)
(Ascoltalo)

119. Cassio, dopo un iniziale rifiuto, cede all'invito al brindisi di Jago e si abbandona, dopo alcuni calici, ad una declamazione appassionata. Il tempo rallenta su accordi tenuti che nelle opere di quest'epoca vengono utilizzati al posto del recitativo.

17

144. «*Trinca, tracanna*»: bere a grandi sorsate avidamente.

147. «*Pampino*»: la foglia della vite.

148. «*Manna*»: sostanza che, secondo la Bibbia, fu offerta come cibo da Dio al popolo ebreo nel deserto; contingenza molto favorevole; cibo o bevanda squisita.

(forte a Cassio)
Io non sono che un critico.

CASSIO
Ed ella
130 D'ogni lode é più bella.

JAGO
(come sopra, a Roderigo, a parte)
(Ti guarda
Da quel Cassio.

RODERIGO
Che temi?

JAGO
(sempre più incalzante)
Ei favella
135 Già con troppo bollor, la gagliarda
Giovinezza lo sprona, è un astuto
Seduttor che t'ingombra il cammino.
Bada...

RODERIGO
Ebben?

JAGO
140 S'ei s'innebbria è perduto!
Fallo ber.)
(ai tavernieri)
Qua, ragazzi, del vino!

(Jago riempie tre bicchieri: uno per sé, uno per Roderigo, uno per Cassio. I tavernieri circolano con le anfore.)
(Jago e Cassio col bicchiere in mano: la folla gli si avvicina e lo guarda curiosamente.)
Inaffia l'ugola!
Trinca, tracanna!
145 prima che svampino
Canto e bicchier!

CASSIO
(a Jago col bicchiere in mano)
Questa del pampino
Verace manna
Di vaghe annugola
150 Nebbie il pensier.

(forte a Cassio)
Io non sono che un critico.
CASSIO
Ed ella
È più bella di ogni lode.
JAGO
(come sopra, a Roderigo, a parte)
(Guardati
Da quel Cassio.
RODERIGO
Di cosa hai paura?
JAGO
(sempre più incalzante)
Egli parla
Già con troppo ardore, la gioventù
Esuberante lo spinge, è un astuto
Seduttore che ti blocca la strada.
Bada...
RODERIGO
Ebbene?
JAGO
Se egli si ubriaca è perduto!
Fallo bere.)
(ai tavernieri)
Qua, ragazzi, del vino!
(Jago riempie tre bicchieri: uno per sé, uno per Roderigo, uno per Cassio. Gli osti circolano con le caraffe.)
(Jago e Cassio col bicchiere in mano: la folla gli si avvicina e lo guarda curiosamente.)
Bagna la gola!
Bevi, bevi a tutta forza!
Prima che finiscano
Il canto e il vino!
CASSIO
(a Jago col bicchiere in mano)
Questa vera manna
Della vite
Offusca il pensiero
di nebbie dolcissime.

152. «*Ditirambo*»:
antica forma di lirica
corale greca che si è
sviluppata nell'ambi-
to dei riti dionisiaci a
carattere orgiastico.
153. «*Strambo*»:
strano, stravagante,
imprevedibile.

JAGO

(a tutti)

Chi all'esca ha morso
Del ditirambo
Spavaldo e strambo,
Beva con me,

CORO

155 Chi all'esca ha morso
Del ditirambo
Spavaldo e strambo,
Beva con me,

JAGO

(piano a Roderigo, indicando Cassio.)

(Un altro sorso
160 E brillo egli è.)

(ad alta voce)

Il mondo palpita
Quand'io son brillo!
Sfido l'ironico
Nume e il destin!

CASSIO

(bevendo ancora)

165 Come un armonico
Liuto oscillo;
La gioia scalpita
Sul mio cammin!

JAGO

(come sopra.)

Chi all'esca ha morso
170 Del ditirambo
Spavaldo e strambo,
Beva con me!

TUTTI

Chi all'esca ha morso
Del ditirambo
175 Spavaldo e strambo,
Beva con te!

JAGO

(a Roderigo)

Un altro sorso e brillo egli è.

20

JAGO

(a tutti)

Chi si è lasciato sedurre
Dal ditirambo
Insolente e bizzarro,
Beva con me,

CORO

Chi si è lasciato sedurre
Dal ditirambo
Insolente e bizzarro,
Beva con me,

JAGO

(piano a Roderigo, indicando Cassio)

(Un altro sorso
Ed è ubriaco.)

(ad alta voce)

Il mondo freme
Quando sono ubriaco!
Sfido Bacco
E il destino!

CASSIO

(bevendo ancora)

Ondeggio come
La dolce armonia di un liuto;
La gioia freme
Sul mio cammino!

JAGO

(come sopra)

Chi si è lasciato sedurre
Dal ditirambo
Insolente e bizzarro,
Beva con me!

TUTTI

Chi si è lasciato sedurre
Dal ditirambo
Insolente e bizzarro,
Beva con te!

JAGO

(a Roderigo)

Un altro sorso ed è ubriaco.

151. La celebrazione del vino si presenta con una balzante melodia in tonalità di La maggiore che si conclude con una scala discendente semitonale. Il coro accompagna le ripetizioni, mentre a Jago sono riservate le frasi cromatiche. 161. Lo sviluppo ripete la strofa precedente, ma con un'orchestrazione più ricca. La voce di Cassio è raddoppiata dall'oboe e dal flauto, mentre si susseguono trilli di flauti e archi. Nella strofa successiva, invece, Cassio, ormai ubriaco, non riesce a portare a termine le frasi, mentre la folla che si è raccolta intorno comincia a ridere accompagnata da scale discendenti di violini, ironizzando sul suo stato di ebbrezza.

«*Barcollando*»: non
reggendosi bene in
piedi.
198. «*Baluardi*»: for-
tificazioni, bastioni,
strumenti di difesa.

RODERIGO
(a Jago)
(Un altro sorso
E brillo egli è.)
JAGO
(ad alta voce)
180 Fuggan dal vivido
Nappo i codardi
Che in cor nascondono
Frodi e mister.
CASSIO
(alzando il bicchiere, al colmo dell'esaltazione.)
In fondo all'anima
185 Ciascun mi guardi!
(beve)
Non temo il ver...
(barcollando)
Non temo il ver... e bevo...
TUTTI
(ridendo)
Aha! Aha!
CASSIO
Del calice
190 Gli orli s'imporporino!...
JAGO
(a Roderigo in disparte mentre gli altri ridono di
Cassio.)
(Egli è briaco fradicio. Ti scuoti,
Lo trascina a contesa; è pronto all'ira,
T'offenderà... Ne seguirà tumulto!
Pensa che puoi così del lieto Otello
195 Turbar la prima vigilia d'amore!
RODERIGO (risoluto)
Ed è ciò che mi spinge.)
MONTANO
(entrando e rivolgendosi a Cassio.)
Capitano,
V'attende la fazione ai baluardi.
CASSIO (barcollando)
Andiam!

22

RODERIGO
(a Jago)
(*Un altro sorso*
Ed è ubriaco.)
JAGO
(ad alta voce)
Fuggano dal calice
Vigoroso i vigliacchi
Che nascondono nel cuore
Inganni e misteri.
CASSIO
(alzando il bicchiere, al colmo dell'esaltazione.)
Che ognuno mi guardi
In fondo all'anima!
(beve)
Non ho paura della verità...
(barcollando)
Non ho paura della verità... e bevo...
TUTTI
(ridendo)
Aha! Aha!
CASSIO
Che gli orli del calice
Si tingano di rosso!...
JAGO
(a Roderigo in disparte mentre gli altri ridono di Cassio)
(*È ubriaco fradicio. Muoviti,*
Provocalo; è pronto alla collera,
Ti offenderà... Ne seguirà un parapiglia!
Pensa che così puoi turbare la prima notte
D'amore del felice Otello!
RODERIGO (risoluto)
Ed è questo il motivo che mi spinge a farlo.)
MONTANO
(entrando e rivolgendosi a Cassio)
Capitano,
La guardia sulle fortificazioni vi sta aspettando.
CASSIO (barcollando)
Andiamo!

191. Jago incita Roderigo a provocare Cassio ormai ubriaco. L'orchestra, dopo rapide scale discendenti dei violini, dei flauti e dell'ottavino che accompagnano fragorose risate, esplode in un unisono accompagnando il clima di ebbrezza. Violini e tromboni sosterranno la lite tra i due.

MONTANO
200 Che vedo?!
JAGO
(a Montano avvicinandosi a lui.)
(Ogni notte in tal guisa
Cassio preludia al sonno.
MONTANO
Otello il sappia.)
CASSIO
(come sopra)
Andiamo ai baluardi...
RODERIGO poi TUTTI
205 Aha! Aha!...
CASSIO
Chi ride?
RODERIGO
(provocandolo)
Rido d'un ebro...
CASSIO
(scagliandosi contro Roderigo)
Bada alle tue spalle!
Furfante!
RODERIGO
(difendendosi)
210 Briaco ribaldo!
CASSIO
Marrano!
Nessun più ti salva.
MONTANO
(separandoli a forza e dirigendosi a Cassio.)
Frenate la mano,
Signor, ve ne prego.
CASSIO
(a Montano)
215 Ti spacco il cerebro
Se qui t'interponi!
MONTANO
Parole d'un ebro...
CASSIO
D'un ebro?!

MONTANO
Cosa vedo?!
JAGO
(a Montano avvicinandosi a lui)
(Cassio si prepara al sonno
Ogni notte in questo modo.
MONTANO
Che Otello lo sappia.)
CASSIO
(come sopra)
Andiamo alle fortificazioni...
RODERIGO poi TUTTI
Aha! Aha!...
CASSIO
Chi ride?
RODERIGO
(provocandolo)
Rido di un ubriaco...
CASSIO
(lanciandosi contro Roderigo)
Attento a te!
Furfante!
RODERIGO
(difendendosi)
Ubriaco ribelle!
CASSIO
Traditore!
Non ti salva più nessuno.
MONTANO
(separandoli a forza e rivolgendosi a Cassio)
Fermatevi,
Signore, vi prego.
CASSIO
(a Montano)
Ti spacco la testa
Se ti metti in mezzo!
MONTANO
Parole d'un ubriaco...
CASSIO
D'un ubriaco?!

207. Roderigo, incitato da Jago provoca Cassio. Interviene Montano e tra questi e Cassio inizia il duello, mentre Jago, che tiene la situazione sotto controllo, spedisce Roderigo a dare l'allarme. La folla è impaurita. In questo frangente drammatico la musica segue un andamento vivace sostenuta da tromboni e archi che eseguono figure discendenti.

220. «*Risuonino a stormo*»: suonare le campane a martello per richiamare il popolo e gli uomini armati.

(Cassio sguaina la spada. Montano s'arma anch'esso. Assalto furibondo. La folla si ritrae.)

JAGO

(a parte a Roderigo, rapidamente.)

(Va al porto, con quanta più possa
220 Ti resta, gridando: sommossa! Sommossa!
Va! spargi il tumulto, l'orror. Le campane
Risuonino a stormo.)

(Roderigo esce correndo.)

(Jago ai combattenti, esclamando.)

Fratelli! L'immane
Conflitto cessate!

DONNE

(fuggendo)

225 Fuggiam!

JAGO

Ciel! Già gronda
Di sangue Montano! - Tenzon furibonda!

ALTRE DONNE

Fuggiam!

JAGO

Tregua!...

TUTTI

230 Tregua!...

DONNE

(fuggendo)

S'uccidono!

UOMINI

(ai combattenti)

Pace!

JAGO

(agli astanti)

Nessun più raffrena quell'ira pugnace!
Si gridi l'allarme! Satana gl'invade!!

VOCI

(in scena e dentro)

235 All'armi!

(campane a stormo)

TUTTI

Soccorso!!

(Cassio estrae la spada. Anche Montano si arma. Si
attaccano violentemente. La folla indietreggia.)

JAGO

(a parte a Roderigo, rapidamente)
Va' al porto, con tutta la forza
Che ti rimane, gridando: rivolta! Rivolta!
Va'! Provoca agitazione, semina il panico.
Le campane risuonino a stormo.)

(Roderigo esce correndo.)

(Jago ai duellanti, esclamando.)
Fratelli! Fermate
Questa lotta spaventosa!

DONNE

(fuggendo)
Fuggiamo!

JAGO

Cielo! Montano perde
Già molto sangue! - È un duello violentissimo!

ALTRE DONNE

Fuggiamo!

JAGO

Tregua!...

TUTTI

Tregua!...

DONNE

(fuggendo)
Si uccidono!

UOMINI

(ai combattenti)
Pace!

JAGO

(agli astanti)
Nessuno ferma più quel furore battagliero!
Si dia l'allarme! Sono indemoniati!!

VOCI

(in scena e dentro)
Allarmi!

(campane a stormo)

TUTTI

Aiuto!!

27

243. «*Dianzi*»: poco tempo fa, in precedenza.
245. «*Smagato*»: colto da una sorta di turbamento o di smarrimento.
255. «*Il sangue mio ribolle*»: sono in preda all'ira, allo sdegno.

SCENA II

Otello, Jago, Cassio, Montano, Popolo, Soldati:
più tardi Desdemona

OTELLO
(seguito da genti con fiaccole)
Abbasso le spade!
(I combattenti s'arrestano. Montano s'appoggia a
un soldato)
(le nubi si diradano a poco a poco)
Olà! Che avvien? Son io tra i Saraceni?
O la turchesca rabbia è in voi trasfusa
240   Per sbranarvi l'un l'altro?...Onesto Jago,
Per quell'amor che tu mi porti, parla.

JAGO
Non so...Qui tutti eran cortesi amici,
Dianzi, e giocondi... Ma ad un tratto, come
Se un pianeta maligno avesse a quelli
245   Smagato il senno, sguainando l'arme
S'avventano furenti... Avessi io prima
Stroncati i piè che qui m'addusser!

OTELLO
Cassio,
Come obliasti te stesso a tal segno?

CASSIO
250   Grazia...Perdon...parlar non so...

OTELLO
Montano...

MONTANO
(sostenuto da un soldato)
Io son ferito...

OTELLO
Ferito?...Pel cielo
Già il sangue mio ribolle! Ah! L'ira volge
255   L'angelo nostro tutelare in fuga!
(entra Desdemona. Otello accorre ad essa.)
Che? La mia dolce Desdemona anch'essa
Per voi distolta da' sui sogni?! - Cassio,
Non sei più capitano.

SCENA II

Otello, Jago, Cassio, Montano, Popolo, Soldati:
più tardi Desdemona

OTELLO

(seguito da gente con delle fiaccole)
Mettete giù le spade!
(I combattenti si fermano. Montano si appoggia ad
un soldato)
(le nuvole si diradano a poco a poco)
Olà! Che succede? Mi trovo forse tra i Saraceni?
O la rabbia turca si è trasmessa a voi
Per sbranarvi l'un l'altro?...Onesto Jago,
Per quell'amore che mi porti, parla.

JAGO

Non so... Qui prima erano tutti amici gentili
e felici, ma ad un tratto, come
Se un pianeta maligno avesse loro
Tolta la ragione, sfoderando le armi
Si sono lanciati con rabbia... Mi fossi rotto
Prima i piedi che mi hanno condotto qui!

OTELLO

Cassio,
Come hai dimenticato te stesso a tal punto?

CASSIO

Grazia...Perdono... non riesco a parlare...

OTELLO

Montano...

MONTANO

(sostenuto da un soldato)
Sono ferito...

OTELLO

Ferito?... Per il cielo
Sono già in preda allo sdegno! Ah! La collera mette
In fuga il nostro angelo protettore!
(entra Desdemona. Otello corre verso di lei.)
Cosa? Anche la mia dolce Desdemona
Risvegliata per causa vostra?! - Cassio,
Non sei più capitano.

238. Otello accorre
a sedare la rissa. Il
disegno ascendente
degli archi e gli ac-
cordi decisi che de-
notano l'ira crescen-
te di Otello, contra-
stano con il debole
pizzicato che accom-
pagna la risposta ti-
mida e riluttante di
Jago.

(Cassio lascia cadere la spada che è raccolta da Jago.)

JAGO

(porgendo la spada di Cassio ad un ufficiale)

(Oh! Mio trionfo!)

OTELLO

260 Jago, tu va nella città sgomenta
Con quella squadra a ricompor la pace.

(Jago esce) Si soccorra Montano.

(Montano è accompagnato nel castello.)

Al proprio tetto
Ritorni ognun.

(a tutti imperiosamente)

265 Io da qui non mi parto
Se pria non vedo deserti gli spaldi.

(la scena si vuota)

SCENA III

Otello e Desdemona

OTELLO

Già nella notte densa
S'estingue ogni clamor,
Già il mio cor fremebondo
270 S'ammansa in quest'amplesso e si rinsensa.
Tuoni la guerra e s'inabissi il mondo
Se dopo l'ira immensa
Vien quest'immenso amor!

DESDEMONA

Mio superbo guerrier! Quanti tormenti,
275 Quanti mesti sospiri e quanta speme
Ci condusse ai soavi abbracciamenti!
Oh! Come è dolce il mormorar insieme:
Te ne rammenti!
Quando narravi l'esule tua vita
280 E i fieri eventi e i lunghi

(Cassio lascia cadere la spada che è raccolta da Jago.)

JAGO

(porgendo la spada di Cassio ad un ufficiale)

(Oh! Mio trionfo!)

OTELLO

Jago, tu va nella città impaurita
Con quella squadra a riportare la calma.

(Jago esce)

Venga soccorso Montano.

(Montano è accompagnato nel castello.)

Ognuno ritorni.
A casa sua

(a tutti imperiosamente)

Io da qui non mi muovo
Se prima non vedo le fortificazioni deserte.

(la scena si vuota)

SCENA III

Otello e Desdemona

OTELLO

Nella notte profonda
Svanisce ormai ogni rumore,
Già il mio cuore sdegnato
Si tranquillizza e si riprende in questo abbraccio.
Scoppi la guerra e sprofondi il mondo
Se dopo la collera smisurata
Viene questo immenso amore!

DESDEMONA

Mio superbo guerriero! Quanti tormenti,
Quanti tristi sospiri e quanta speranza
Ci accompagnarono fino ai dolci abbracci!
Oh! Com'è dolce parlare insieme a bassa voce:
Ti ricordi!
Quando raccontavi la tua vita di esule
E gli avvenimenti terribili ed i tuoi lunghi

Scena terza: Otello e Desdemona. Nella prima parte del duetto in Sol bemolle, nelle parole di Otello, ritroviamo l'intima felicità dei due amanti che si conclude nell'accordo di Do maggiore sulle parole di Desdemona *«te ne rammenti!»* Nel Largo seguente, incentrato nella sfera tonale di Fa maggiore, i due amanti ricordano il travagliato passato del loro amore. Il passaggio si conclude con una ripetizione di frase in cui le linee vocali si intrecciano come spesso avviene nelle cabalette di duetto. La terza parte, mentre avanza le notte e compaiono le stelle, nella sfera tonale di Mi maggiore, conduce al momento supremo del bacio.

31

284. «*Breccia*»: apertura praticata in un recinto difensivo durante un attacco.

Tuoi dolor, ed io t'udia coll'anima rapita
In quei spaventi e coll'estasi nel cor.

OTELLO

Pingea dell'armi il fremito, la pugna
E il vol gagliardo alla breccia mortal,
285   L'assalto, orribil edera, coll'ugna
Al baluardo e il sibilante stral!

DESDEMONA

Poi mi guidavi ai fulgidi deserti,
All'arse arene, al tuo materno suol;
Narravi allor gli spasimi sofferti
290   E le catene e dello schiavo il duol.

OTELLO

Ingentilia di lagrime la storia
Il tuo bel viso e il labbro di sospir;
Scendean sulle mie tenebre la gloria,
Il paradiso e gli astri a benedir!

DESDEMONA

295   Ed io vedea fra le tue tempie oscure
Splender del genio l'eterea beltà.

OTELLO

E tu m'amavi per le mie sventure
Ed io t'amavo per la tua pietà.

DESDEMONA

Ed io t'amavo per le tue sventure
300   E tu m'amavi per la mia pietà.

OTELLO

Venga la morte! e mi colga nell'estasi
Di questo amplesso
Il momento supremo!

(il cielo si sarà rasserenato)

Tale è il gaudio dell'anima che temo,
305   Temo che più non mi sarà concesso
Quest'attimo divino
Nell'ignoto avvenir del mio destino.

DESDEMONA

Disperda il ciel gli affanni
E amor non muti col mutar degli anni.

OTELLO

310   A questa tua preghiera

32

Tormenti, ed io ti ascoltavo con l'anima attratta
da quegli episodi spaventosi e con l'estasi nel cuore.

OTELLO
Descrivevo il rumore delle armi, la battaglia
E l'attacco vigoroso alla breccia aperta rischiando
La morte, l'assalto alle fortificazioni, con le unghie,
Come un'orribile edera e il sibilare delle frecce!

DESDEMONA
Poi mi guidavi verso deserti luminosi,
Caldissime spiagge, la tua terra natia;
Raccontavi allora le pene sofferte
Le catene ed il dolore dello schiavo.

OTELLO
Le lacrime del tuo viso ed i sospiri delle tue labbra
addolcivano il racconto;
Sulla mia vita triste scendeva la gloria,
E la benedizione del paradiso e delle stelle!

DESDEMONA
Ed io vedevo sulla tua fronte bruna
Splendere la limpida bellezza del genio.

OTELLO
E tu mi amavi per le mie sventure
Ed io ti amavo per la tua pietà.

DESDEMONA
Ed io ti amavo per le tue sventure
E tu mi amavi per la mia pietà.

OTELLO
Venga la morte! Il momento supremo
Mi colga nell'incanto
Di questo abbraccio!
(il cielo nel frattempo si è fatto sereno)
Così grande è la felicità dell'anima che ho paura,
Temo che non mi sia più permesso
Questo momento sublime
Nel futuro ignoto del mio destino.

DESDEMONA
Che il cielo disperda i tormenti
E l'amore non cambi con il passare degli anni.

OTELLO
A questa tua preghiera

33

«*Plaga*»: ampio tratto di terra o di cielo.

"*Amen*" risponda la celeste schiera.

DESDEMONA
"*Amen*" risponda!

OTELLO
(appoggiandosi ad un rialzo degli spaldi)
Ah! La gioia m'innonda
Sì fieramente che ansante mi giacio...
315 Un bacio...

DESDEMONA
Otello!...

OTELLO
...Un bacio...ancora un bacio!
(fissando una <u>plaga</u> del cielo stellato)
Già la pleiade ardente al mar discende.

DESDEMONA
Tarda è la notte.

OTELLO
320 Vien...Venere splende!
(S'avviano abbracciati verso il castello.)

"Amen" rispondano gli angeli.
DESDEMONA
"Amen" rispondano!
OTELLO
(appoggiandosi ad uno scalino delle fortificazioni)
Ah! La gioia mi invade
Così violenta da lasciarmi senza respiro ...
Un bacio...
DESDEMONA
Otello!...
OTELLO
... Un bacio... ancora un bacio!
(fissando una zona del cielo stellato)
Le Pleiadi luminose scendono già sul mare.
DESDEMONA
È notte fonda.
OTELLO
Vieni...Venere splende!
(Si avviano abbracciati verso il castello.)

320. Otello e Desdemona abbracciati si dirigono verso il castello accompagnati da quattro violoncelli con sordina e un trillo dei violini e la dolce presenza dell'arpa, che con i suoi arpeggi costituisce una presenza importante nell'orchestrazione del duetto.

ATTO SECONDO

Una sala terrena nel castello.
Due vasti veroni ai lati: una porta nel mezzo che dà
sul giardino.

«*Verone*»: balcone, terrazzino coperto.
3. «*Monna*»: abbreviazione di madonna, signora. Nel Medioevo era un titolo anteposto al nome (Monna Lisa).
«*Altiero*»: variante arcaica o poetica di altero.
4. «*Elsa*»: impugnatura della spada.
«*Balteo*»: Cintura di cuoio pendente dalla spalla destra verso il fianco sinistro.
13. «*Girsene*»: gire, dal latino ire; forma poetica per andare. In questo caso alla forma riflessiva con l'avverbio di luogo ne in posizione enclitica: andarsene.
16. «*Vanne*»: il "ne" avverbio indica generalmente il moto da luogo (andarsene, venirsene). Nell'italiano corrente il moto a luogo si esprime invece con il "ci" avverbio di luogo: vacci.

Una sala terrena nel castello.
Due vasti veroni ai lati: una porta nel mezzo che dà
sul giardino.

SCENA PRIMA

Jago al di qua del verone. Cassio al di là

JAGO
Non ti crucciar. Se credi a me, tra poco
Farai ritorno ai folleggianti amori
Di Monna Bianca, altiero capitano,
Coll'elsa d'oro e col balteo fregiato.
CASSIO
5 Non lusingarmi...
JAGO
Attendi a ciò ch'io dico.
Tu dèi saper che Desdemona è il Duce
Del nostro Duce, sol per essa ei vive.
Pregala tu, quell'anima cortese
10 Per te interceda, e il tuo perdono è certo.
CASSIO
Ma come favellarle?
JAGO
È suo costume
Girsene a meriggiar fra quelle fronde
Colla consorte mia. Quivi l'aspetta.
15 Or t'è aperta la via di salvazione;
Vanne.

SCENA SECONDA

JAGO (solo) (seguendo con l'occhio Cassio)
Vanne; la tua meta già vedo.

36

Una sala a pian terreno nel castello.
Due grandi balconi ai lati: una porta nel mezzo che dà
sul giardino.

SCENA PRIMA

Jago al di qua del balcone. Cassio al di là

JAGO

Non ti preoccupare. Se mi credi, tra poco farai
Ritorno all'amore spensierato di donna Bianca,
Fiero capitano, con l'impugnatura della spada
D'oro e con la cintura decorata.

CASSIO

Non illudermi...

JAGO

Ascolta bene quel che ti dico.
Devi sapere che Desdemona è il comandante
Del nostro Capitano, lui vive solo per lei.
Prega quell'anima gentile di chiedere
La grazia per te, e il tuo perdono è sicuro.

CASSIO

Ma come parlarle?

JAGO

Ha l'abitudine di andare a trascorrere
Le ore calde del pomeriggio all'ombra
di quegli alberi con mia moglie. Aspettala
In quel luogo. Ora ti è aperta la via della salvezza;
Vai.

SCENA SECONDA

JAGO (solo) (seguendo con l'occhio Cassio)
Vai; vedo già la tua fine.

La prima parte del secondo atto è dominata dalla figura di Jago con il grande monologo *«Credo in un Dio crudel»* ed il dialogo con Otello. Verdi fu particolarmente attratto dalla figura di Jago, prestando particolare attenzione allo studio degli aspetti psicologici più profondi del personaggio, tanto che in un primo momento egli pensò di intitolare con il suo nome l'intera opera. In seguito desistette per il timore che tale scelta potesse essere interpretata come un *escamotage* per evitare il confronto con l'opera rossiniana.
1. Nell'Otello di Shakespeare Cassio si riprende dall'ebbrezza del vino subito dopo essere stando degradato per punizione da Otello e subito

Ti spinge il tuo dimone,
E il tuo dimon son io,
20 E me trascina il mio, nel quale io credo
Inesorato Iddio:
(allontanandosi dal verone senza più guardar
Cassio che sarà scomparso fra gli alberi.)
Credo in un Dio crudel che m'ha creato
Simile a sé, e che nell'ira io nomo.
Dalla viltà d'un germe o d'un atòmo
25 Vile son nato.
Sono scellerato
Perché son uomo;
E sento il fango originario in me.
Sì! Quest'è la mia fè!
30 Credo con fermo cuor, siccome crede
La vedovella al tempio,
Che il mal ch'io penso e che da me procede
Per mio destino adempio.
Credo che il giusto è un istrion beffardo
35 E nel viso e nel cuor;
Che tutto è in lui bugiardo,
Lacrima, bacio, sguardo,
Sacrificio ed onor.
E credo l'uom gioco d'iniqua sorte
40 Dal germe della culla
Al verme dell'avel.
Vien dopo tanta irrision la Morte.
E poi - La Morte è il Nulla
È vecchia fola il Ciel.
(dal verone di sinistra si vede passare nel giardino
Desdemona con Emilia. Jago si slancia al verone,
al di là del quale è appostato Cassio.)
JAGO
(parlando a Cassio)
45 Eccola!... Cassio!... a te! Quest'è il
[momento.
Ti scuoti... vien Desdemona.
(Cassio va verso Desdemona, le saluta, le si acco-
sta.)
(S'è mosso; la saluta

Ti spinge il tuo demone,
E il tuo demone sono io,
Ed io sono trascinato dal mio, nel quale credo
Iddio senza misericordia:
(allontanandosi dal balcone senza più guardar Cassio che sarà scomparso fra gli alberi)
Credo in un Dio crudele che mi ha creato
Simile a sé, e che io nomino nell'ira.
Da un miserabile germe o da un atomo
Infame sono nato.
Sono malvagio
Perché sono uomo;
E sento in me il fango originario.
Sì! Questa è la mia fede!
Credo fermamente, così come crede
La vedovella nel tempio,
Di compiere il male ch'io penso e di cui sono fonte
Per destino.
Credo che il giusto sia un ironico commediante
E che nel viso e nel cuore;
Tutto sia in lui falso,
Lacrima, bacio, sguardo,
Sacrificio ed onore.
E credo l'uomo vittima di un destino ingiusto
Dal germe della culla
Al verme della tomba.
Dopo tanta derisione viene la Morte.
E poi - La Morte è il Nulla
Il Cielo è una vecchia frottola.
(dal balcone di sinistra si vede passare nel giardino Desdemona con Emilia. Jago corre verso il balcone al di là del quale è appostato Cassio.)
JAGO
(parlando a Cassio)
Eccola!... Cassio!... a te! Questo è il momento.
Muoviti... arriva Desdemona.

(Cassio va verso Desdemona, le saluta, le si avvicina.)
(Si è mosso; la saluta

Jago lo consiglia di far leva su Desdemona per ottenere il perdono del Moro. Nell'opera verdiana, invece, la scena, (con cui inizia il secondo atto) si sposta al giorno successivo, dando tempo a Cassio di smaltire la sbornia durante la notte.
22. In questa parodia del Credo romano si configurano le caratteristiche dello Jago boitiano. Le anafore blasfeme del Credo vanno ben oltre la sua invidia per Otello, ma lo descrivono come una vera e propria allegoria della malvagità, così come i versi dell'*«Ave Maria»* di Desdemona nel IV atto sottolineano l'immagine della sua purezza. Nel monologo *«Credo...»* Verdi trascende gli schemi tradizionali dell'aria, della romanza o della cavatina optando per un andamento più libero della voce su una ben strutturata base orchestrale,

56. «*S'adopra*»: sta
per "si adopera", for-
ma riflessiva con si-
gnificato di impe-
gnarsi attivamente
per raggiungere uno
scopo.

E s'avvicina.
Or qui si tragga Otello! Aiuta, aiuta
50 Satana il mio cimento!...
Già conversano insieme...ed essa inclina,
Sorridendo, il bel viso.
Mi basta un lampo sol di quel sorriso
Per trascinar Otello alla ruina.
55 Andiam...
(Fa per avviarsi rapido all'uscio del lato destro ma
si arresta subitamente.)
Ma il caso in mio favor s'adopra.
Eccolo... al posto, all'opera!)
(Si colloca immoto al verone di sinistra guardando
fissamente verso il giardino dove stanno Cassio e
Desdemona.)

SCENA TERZA

Jago e Otello

JAGO
(simulando di non aver visto Otello, il quale gli si
sarà avvicinato)
(finge di parlare fra sé.)
Ciò m'accora...
OTELLO
Che parli?
JAGO
60 Nulla...Voi qui? Una vana
Voce m'uscì dal labbro.
OTELLO
Colui che s'allontana
Dalla mia sposa, è Cassio?
(e l'uno e l'altro si staccano dal verone.)
JAGO
Cassio? no... quei si scosse
65 Come un reo nel vedervi.
OTELLO
Credo che Cassio ei fosse.

E si avvicina.
Ora si faccia venire qui Otello! Satana aiutami,
aiutami nella mia impresa!...
Stanno già conversando insieme... e lei piega
Sorridendo, il bel viso.
Mi basta un solo lampo di quel sorriso
Per trascinare Otello alla rovina.
Andiamo...
(Fa per avviarsi rapido verso la porta del lato destro
ma si arresta improvvisamente)
Ma il caso viene in mio soccorso.
Eccolo... al posto, all'opera!)
(Si piazza immobile sul balcone di sinistra fissando
lo sguardo verso il giardino dove stanno Cassio e
Desdemona.)

SCENA TERZA

Jago e Otello

JAGO
(facendo finta di non aver visto Otello, il quale gli si
sarà avvicinato)
(finge di parlare fra sé.)
Ciò mi addolora...
OTELLO
Che stai dicendo?
JAGO
Nulla... Voi qui? Mi è uscita
una frase senza senso dalla bocca.
OTELLO
Colui che s'allontana
Dalla mia sposa, è Cassio?
(sia l'uno che l'altro si staccano dal balcone.)
JAGO
Cassio? no... quello è sobbalzato
Come un colpevole vedendovi.
OTELLO
Credo che fosse Cassio.

privilegiando le forti tinte drammatiche. 58. Il dialogo tra Otello e Jago costituisce un importante esempio della flessibilità musicale di Verdi. È scritto in doppi settenari, ma il distico rimato che definisce la gelosia (99-100), ha una scansione simultanea di quinari semplici alternati a quinari doppi, che Verdi musicò magistralmente con una delle due melodie ricorrenti dell'opera. L'intera orchestra in *Pianissimo* accompagna la drammatica frase di Jago sussurrata all'orecchio di Otello (*«temete signor la gelosia...»*).

74. «*Ubbie*»: pregiu-
dizio, avversione
infondata, timore
infondato.
79. «*Dassenno?*» sta
per «da senno»: real-
mente? Veramente?
86. «*Chiostro*»: corti-
le circondato da un
portico all'interno di
un edificio monasti-
co. Poet. luogo ap-
partato, solitario.

JAGO
Mio signore…
OTELLO
Che brami?
JAGO
Cassio, nei primi dì
70 Del vostro amor, Desdemona non
[conosceva?
OTELLO
Sì,
Perché fai tale inchiesta?
JAGO
Il mio pensier è vago
D'ubbie, non di malizia.
OTELLO
75 Di' il tuo pensiero, Jago.
JAGO
Vi confidaste a Cassio?
OTELLO
Spesso un mio dono o un cenno
Portava alla mia sposa.
JAGO
Dassenno?
OTELLO
80 Sì, dassenno.
Nol credi onesto?
JAGO
Onesto?
OTELLO
Che ascondi nel tuo cuore?
JAGO
Che ascondo in cor, signore?
OTELLO
85 "Che ascondo in cor, signore?"
Pel cielo, tu sei l'eco dei detti miei, nel
[chiostro
Dell'anima ricetti qualche terribil
[mostro.
Sì, ben t'udii poc'anzi mormorar, "*Ciò*
[*m'accora*".

42

JAGO
Mio signore...
OTELLO
Che desideri?
JAGO
Cassio, nei primi giorni
Del vostro amore, conosceva Desdemona ?

OTELLO
Sì,
Perché fai questa domanda?
JAGO
Il mio pensiero è pieno
Di scrupoli, non di malizia.
OTELLO
Di' quel che pensi, Jago.
JAGO
Avete dato a Cassio la vostra fiducia?
OTELLO
Spesso portava alla mia sposa
Un mio dono o un messaggio.
JAGO
Veramente?
OTELLO
Sì, veramente.
Non lo credi onesto?
JAGO
Onesto?
OTELLO
Cosa nascondi nel tuo cuore?
JAGO
Che nascondo nel cuore, signore?
OTELLO
"Che nascondo nel cuore, signore?"
Per il cielo, sei l'eco delle mie parole, nell'intimo

Della tua anima nascondi qualche terribile
                                    [mostro.
Sì, ti ho ben sentito mormorare poco fa, "Ciò
                              [mi addolora".

43

90. «*Corrughi la fronte*»: contrazione della fronte che indica collera.

93. «*Ambagi*»: lett. cammino tortuoso. Fig. giro di parole volutamente tortuoso ed oscuro.

94. «*Rio*»: avverso, malvagio.

99. «*Idra*»: mostruoso serpente della mitologia classica, dalle molte teste che rinascevano quando venivano tagliate.

100. «*Attosca*»: da tosco, variante poetica di tossico.

«*Piglio*»: espressione del viso, tono.

Ma di che t'accoravi? Nomini Cassio e
[allora
90   Tu corrughi la fronte. Suvvia, parla se
[m'ami.

JAGO
Voi sapete ch'io v'amo.

OTELLO
Dunque senza velami
T'esprimi e senza ambagi. T'esca fuor
[dalla gola
Il tuo più rio pensiero colla più ria parola!

JAGO
95   S'anco teneste in mano tutta l'anima mia,
Nol sapreste.

OTELLO
Ah!...

JAGO
(avvicinandosi molto ad Otello e sottovoce)
Temete, signor, la gelosia!
É un'idra fosca, livida, cieca, col suo
[veleno
100   Se stessa attosca, vivida piaga le squarcia
[il seno.

OTELLO
Miseria mia!! - No! Il vano sospettar nulla
[giova.
Pria del dubbio l'indagine, dopo il dubbio
[la prova,
Dopo la prova (Otello ha sue leggi
[supreme,)
Amore e gelosia vadan dispersi insieme.

JAGO
(con *piglio* più ardito)
105   Un tal proposto spezza di mie labbra il
[suggello.
Non parlo ancor di prova; pur, generoso
[Otello,
Vigilate; sovente le oneste e ben create
Coscienze non vedono la frode: vigilate.
Scrutate le parole di Desdemona; un detto

Ma di che cosa ti addoloravi? Nomini Cassio e
[allora
Aggrotti la fronte. Suvvia, parla se mi ami.

JAGO
Voi sapete che io vi amo.

OTELLO
Dunque esprimiti senza
Nascondere nulla e senza giri di parole. Ti esca
[fuori dalla gola
Il pensiero più malvagio con le peggiori parole!

JAGO
Se anche teneste in mano tutta la mia anima,
Non lo sapreste.

OTELLO
Ah!...

JAGO
(avvicinandosi molto ad Otello e sottovoce)
Temete, signore, la gelosia!
È una serpe minacciosa, velenosa, cieca, col suo
[veleno
Avvelena se stessa, una ferita profonda le lacera il
[petto.

OTELLO
Povero me!! - No! Sospettare inutilmente non
[giova a nulla.
Prima del dubbio l'indagine, dopo il dubbio la
[prova,
Dopo la prova (Otello ha le sue leggi supreme,)
Amore e gelosia siano dispersi insieme.

JAGO
(con piglio più ardito)
Un simile proposito rompe il sigillo delle mie
[labbra.
Non parlo ancora di prova; tuttavia, generoso
[Otello,
Fate attenzione; spesso le oneste e rette
Coscienze non vedono l'inganno: state in guardia.
Valutate le parole di Desdemona; una parola

«*Guzla*»: strumento a corda suonato con l'arco, diffuso nei Balcani. Nell'opera viene intesa come una sorta di mandolino.

110 Può ricondur la fede, può affermar il
[sospetto...
Eccola; vigilate...

VOCI LONTANE
Dove guardi splendono
Raggi, avvampan cuori,
Dove passi scendono
115 Nuvole di fiori. Qui fra gigli c
Rose, come a un casto altare,
Padri, bimbi, spose
Vengono a cantar.

JAGO (come prima, sottovoce)
Eccola...Vigilate!

(Si vede ricomparire Desdemona nel giardino dalla vasta apertura del fondo: è circondata da donne dell'isola, da fanciulli, da marinai ciprioti e albanesi, che si avanzano e le offrono fiori ed altri doni. Alcuni s'accompagnano cantando sulla guzla, altri su delle piccole arpe.)

CORO
(nel giardino)
120 Dove guardi splendono
Raggi, avvampan cuori,
Dove passi scendono
Nuvole di fiori.
Qui fra gigli e rose,
125 Come un casto altar,
Padri, bimbi, spose
Vengono a cantar.

FANCIULLI (spargendo al suolo fiori di giglio)
T'offriamo il giglio,
Soave stel,
130 Che in mano degli angeli
Fu assunto in ciel,
Che abbella il fulgido
Manto e la gonna
Della Madonna
135 E il santo vel.

DONNE E MARINAI
Mentre all'aura vola

Può ristabilire la fiducia, può confermare il
[sospetto...
Eccola; fate attenzione...
VOCI LONTANE
Dove guardi splendono
Raggi di sole, si infiammano cuori,
Dove passi scendono
Nuvole di fiori. Qui fra gigli e
Rose, come ad un altare puro,
Padri, bimbi, spose
Vengono a cantare.
JAGO (come prima, sottovoce)
Eccola... State in guardia!
(Si vede ricomparire Desdemona nel giardino dalla
vasta apertura del fondo: è circondata da donne
dell'isola, da fanciulli, da marinai ciprioti e albanesi,
che vengono verso di lei e le offrono fiori ed altri do-
ni. Alcuni s'accompagnano cantando sulla guzla, altri
su delle piccole arpe.)
CORO
(nel giardino)
Dove guardi splendono
Raggi di sole, si infiammano cuori,
Dove passi scendono
Nuvole di fiori.
Qui fra gigli e rose,
Come ad un altare puro,
Padri, bimbi, spose
Vengono a cantare.
FANCIULLI (spargendo al suolo fiori di giglio)
Ti offriamo il giglio,
Il fiore delicato,
Che in mano agli angeli
Fu accolto in cielo,
Che adorna lo splendente
Manto, la gonna
Ed il santo velo
Della Vergine.
DONNE E MARINAI
Mentre in cielo vola

112. Inizia qui il se-
condo dei tre episo-
di che caratterizza-
no il secondo atto,
con il coro che con
una dolce melodia
descrive la purezza
morale di Desdemo-
na. Il dramma incal-
zante ora rallenta
con la comparsa in
scena di Desdemo-
na accompagnata
da fanciulli, marinai
ciprioti ed albanesi
che intonano un te-
ma dalle caratteristi-
che popolareggianti,
che prevede nell'or-
chestrazione l'uso
di due chitarre, due
mandolini e una cor-
namusa.

Vola lieta la canzon,
L'agile mandola
Ne accompagna il suon.

MARINAI
(offrendo a Desdemona dei monili di coralli e di perle)
140 A te le porpore,
Le perle e gli ostri
Nella voragine
Colti del mar.
Vogliam Desdemona
145 Coi doni nostri
Come un'immagine
Sacra adornar.

FANCIULLI, DONNE
Mentre all'aura vola,
Vola lieta la canzon,
150 L'agile mandola
Ne accompagna il suon.

LE DONNE
(spargendo fronde e fiori)
A te, la florida
Messe dai grembi
A nembi, a nembi
155 Spargiamo al suol.
L'april circonda
La sposa bionda
D'un'etra rorida
Che vibra al sol.

FANCIULLI E MARINAI
160 Mentre all'aura vola
Vola lieta la canzon,
L'agile mandola
Ne accompagna il suon.

TUTTI
Dove guardi splendono
165 Raggi, avvampan cuori,
Dove passi scendono
Nuvole di fiori.
Qui fra gigli e rose,
Come a un casto altar,

Vola lieta la canzone,
L'agile mandola
Ne accompagna il suono.

MARINAI

(offrendo a Desdemona dei monili di coralli e di perle)
A te la porpora,
Le perle e le conchiglie
Colte negli
Abissi del mare.
Vogliamo adornare Desdemona
Con i nostri doni
Come un'immagine
Sacra.

FANCIULLI, DONNE

Mentre in cielo vola,
Vola lieta la canzone,
L'agile mandola
Ne accompagna il suono.

LE DONNE

(spargendo rami e fiori)
Per te spargiamo
Al suolo in abbondanza
I fiori raccolti
Nei nostri grembi.
Aprile circonda
La bionda sposa
Di un'aria di rugiada
Che vibra al sole.

FANCIULLI E MARINAI

Mentre al cielo vola
Vola lieta la canzone,
L'agile mandola
Ne accompagna il suono.

TUTTI

Dove guardi splendono
Raggi di sole, si infiammano cuori,
Dove passi scendono
Nuvole di fiori.
Qui fra gigli e rose,
Come ad un altare puro,

170 Padri, bimbi, spose,
    Vengono a cantar.
DESDEMONA
    Splende il cielo, danza
    L'aura, olezza il fiore.
    Gioia, amor, speranza
175 Cantan nel mio cuore.
CORO
    Vivi felice! Addio. Qui regna Amore.
    (durante il coro Otello osserva con Jago)
OTELLO (soavemente commosso)
    Quel canto mi conquide.
    No, no s'ella mi inganna
    Il ciel sé stesso irride!
JAGO
180 (Beltà ed amor in dolce inno concordi!...
    I vostri infrangerò soavi accordi.)

SCENA QUARTA

(Finito il coro, Desdemona bacia la testa d'alcuni
tra i fanciulli, e alcune donne le baciano il lembo
della veste, ed essa porge una borsa ai marinai. Il
coro s'allontana: Desdemona, seguita poi da
Emilia, entra nella sala e s'avanza verso Otello.)

DESDEMONA
    D'un uom che geme sotto il tuo disdegno
    La preghiera ti porto.
OTELLO
    Chi è costui?
DESDEMONA
185 Cassio.
OTELLO
    Era lui
    Che ti parlava sotto quelle fronde?
DESDEMONA
    Lui stesso, e il suo dolor che in me
                         [s'infonde

Padri, bimbi, spose,
Vengono a cantare.

DESDEMONA

Splende il cielo, danza
L'aria, profuma il fiore.
Gioia, amore, speranza
Cantano nel mio cuore.

CORO

Vivi felice! Addio. Qui regna Amore.

(durante il coro Otello osserva con Jago)

OTELLO (dolcemente commosso)

Quel canto mi conquista.
No, no se lei m'inganna
Il cielo prende in giro se stesso!

JAGO

(Bellezza e amore in dolce canto armoniosi!...
Infrangerò la vostra dolce intesa.)

182. Desdemona entra nella sala, seguita da Emilia, e avanza verso Otello ad intercedere per Cassio. Le sue parole sono raccolte in una dolce melodia in cui il disegno in crome dei violini configurano il lamento *«d'un uom che geme.»*

SCENA QUARTA

(Finito il coro, Desdemona bacia la testa di alcuni tra i fanciulli, e alcune donne le baciano il lembo della veste, ed essa porge una borsa ai marinai. Il coro s'allontana: Desdemona, seguita poi da Emilia, entra nella sala e si dirige verso Otello.)

DESDEMONA

Ti porto la preghiera di un uomo
Che soffre a causa del tuo disprezzo.

OTELLO

Chi è costui?

DESDEMONA

Cassio.

OTELLO

Era lui
Che ti parlava sotto quegli alberi?

DESDEMONA

Proprio lui, ed il suo dolore che in me si insinua

51

202. «*Uopo*»: biso-
gno, necessità.

Tant'è verace che di grazia è degno.
190 Intercedo per lui, per lui ti prego.
Tu gli perdona.

OTELLO
Non ora.

DESDEMONA
Non oppormi il tuo diniego.
Gli perdona.

OTELLO
195 Non ora.

DESDEMONA
Perché torbida suona
La voce tua? Qual pena t'addolora?

OTELLO
M'ardon le tempie...

DESDEMONA
(spiegando il suo fazzoletto come per fasciar la
fronte d'Otello.)
Quell'ardor molesto
200 Svanirà, se con questo
Morbido lino la mia man ti fascia.

OTELLO
(getta il fazzoletto a terra)
Non ho d'uopo di ciò.

DESDEMONA
Tu sei crucciato, signor.

OTELLO
(aspramente)
Mi lascia!
(Emilia raccoglie il fazzoletto dal suolo.)

DESDEMONA
205 Se inconscia, contro te, sposo, ho peccato,
Dammi la dolce e lieta
Parola del perdono.
La tua fanciulla io sono,
Umile e mansueta;
210 Ma il labbro tuo sospira,
Hai l'occhio fiso al suol.
Guardami in volto e mira
Come favella amore.

È così autentico da essere degno di grazia.
Per lui chiedo il perdono, per lui ti prego.
Perdonalo.

OTELLO

Non ora.

DESDEMONA

Non oppormi il tuo rifiuto.
Perdonalo.

OTELLO

Non ora.

DESDEMONA

Perché la tua voce
risuona così cupa? Che pena ti tormenta?

OTELLO

Mi brucia la fronte...

DESDEMONA

(aprendo il suo fazzoletto come per fasciar la fronte
d'Otello)
Quel bruciore fastidioso
Scomparirà, se ti fascio
Con questo morbido lino.

OTELLO

(getta il fazzoletto a terra)
Non ne ho bisogno.

DESDEMONA

Signore, sei in collera.

OTELLO

(aspramente)
Lasciami!
(Emilia raccoglie il fazzoletto dal suolo)

DESDEMONA

Se senza volerlo, contro di te, sposo, ho peccato,
Dammi la dolce e lieta
Parola del perdono.
Io sono la tua fanciulla,
Umile e mite;
Ma la tua bocca sospira,
Hai lo sguardo fisso al suolo.
Guardami in volto e osserva
Come parla amore.

205. Nelle successive venti battute Desdemona si impegna in una melodia in tempo largo di ampia estensione: due ottave partendo da un si bemolle grave.

Vien ch'io ti allieti il core,
215 Ch'io ti lenisca il duol.

JAGO
(ad Emilia sottovoce)
(Quel vel mi porgi
Ch'or hai raccolto!

EMILIA
(sottovoce a Jago)
Qual frode scorgi?
Ti leggo in volto.

JAGO
220 T'opponi a voto quand'io
Comando.

EMILIA
Il tuo nefando
Livor m'è noto.

JAGO
Sospetto insano!

EMILIA
225 Guardia fedel
È questa mano.

JAGO
Dammi quel vel!
(Jago afferra violentemente il braccio di Emilia.)

JAGO
Su te l'irosa mia man
S'aggrava!

EMILIA
230 Son la tua sposa,
Non la tua schiava!

OTELLO (a parte)
(Forse perché gl'inganni
D'arguto amor non tendo,
Forse perché discendo
235 Nella valle degli anni,
Forse perché ho sul viso
Quest'atro tenebror,
Ella è perduta e irriso
Io sono e il cor m'infrango
240 E ruinar nel fango

54

Vieni che io ti renda felice
E ti addolcisca il dolore.

JAGO

(ad Emilia sottovoce)
Dammi quel fazzoletto
Che hai appena raccolto!

EMILIA

(sottovoce a Jago)
Quale inganno stai macchinando?
Ti leggo nel volto.

JAGO

T'opponi ad un ordine quando io
Comando.

EMILIA

Conosco il tuo
Odioso rancore.

JAGO

Sospetto irragionevole!

EMILIA

Questa mano
È guardia fedele.

JAGO

(Dammi quel fazzoletto!
(Jago afferra violentemente il braccio di Emilia)

JAGO

Su te incombe
La mia mano mossa dalla collera!

EMILIA

Sono la tua sposa,
Non la tua schiava!

OTELLO (a parte)

(forse perché non sono incline
Agli inganni delle astuzie d'amore,
Forse perché scendo
Nella valle degli anni,
Forse perché ho sul viso
Questo scuro aspetto di tenebra,
Lei è perduta ed io sono
Deriso e mi strazio il cuore
E vedo rovinare nel fango

216. Mentre Desdemona cerca di alleviare le sofferenze di Otello, offrendogli ancora una volta la sua fedeltà e la sua devozione, Jago ed Emilia si confrontano in una vera e propria *pièce d'action* in cui Jago cerca di sottrarre il fazzoletto ad Emilia, la quale, ben conoscendo l'animo infido del marito, sospetta qualcosa.
232. La scala discendente caratterizza questo soliloquio di Otello che contrasta con la frase ascendente dei violini sulle parole di Desdemona *«Dammi la dolce lieta parola del perdono.»*

244. «*Presago*»: che è nella condizione di predire o presentire. «*Carpito*»: sottratto. 253. «*Conquido*»: dal verbo conquidere»: sconfiggere, conquistare.

Vedo il mio sogno d'or)

JAGO
La schiava impura
Tu sei di Jago!

EMILIA
Ho il cor presago
245 D'una sventura.

JAGO
Né mi paventi?

EMILIA
Uomo crudel!

JAGO
A me...

EMILIA
Che tenti?

JAGO
250 A me quel vel!)

EMILIA
Uomo crudel!
(con un colpo di mano Jago ha <u>carpito</u> il fazzoletto ad Emilia.)

JAGO
(Già la man brama
Conquido, ed ora
Su questa trama
255 Jago lavora!)

EMILIA
(Vinser gli artigli
Truci e codardi.
Dio dai perigli
Sempre ci guardi!)

OTELLO
260 Escite! - Solo vo' restar;

JAGO
(sottovoce ad Emilia che sta per uscire.)
(Ti giova tacer.
Intendi?)
(Desdemona ed Emilia escono. Jago finge di uscire dalla porta in fondo, ma giuntovi s'arresta.)

Il mio sogno dorato)

JAGO
Tu sei la schiava
Impura di Jago!

EMILIA
Ho il presentimento
Di una sventura.

JAGO
Non mi temi?

EMILIA
Uomo crudele!

JAGO
A me...

EMILIA
Che cerchi di fare?

JAGO
A me quel fazzoletto!)

EMILIA
Uomo crudele!
(con un colpo di mano Jago ha sottratto il fazzoletto ad Emilia.)

JAGO
(La mia mano desidera già ardentemente
La vittoria, ed ora
Su questo inganno
Jago lavora!)

EMILIA
(Vinse la mano feroce
Crudele e vile.
Dio ci protegga
Sempre dai pericoli!)

OTELLO
Uscite! - Voglio restare solo;

JAGO
(sottovoce ad Emilia che sta per uscire)
(Ti conviene tacere.
Hai capito?)
(Desdemona ed Emilia escono. Jago finge di uscire dalla porta sul fondo, ma giuntovi si ferma.)

SCENA QUINTA

Otello: Jago nel fondo.

OTELLO
(accasciato su d'un sedile)
Desdemona rea!...

JAGO
(Nel fondo guardando di nascosto il fazzoletto, poi riponendolo con cura nel giustacuore.)
(Con questi fili tramerò la prova
265 Del peccato d'amor. Nella dimora
Di Cassio ciò s'asconda.)

OTELLO
Atroce idea!

JAGO
(fra sé fissando Otello)
(Il mio velen lavora.)

OTELLO
Rea contro me! - Contro me!!!

JAGO
270 (Soffri e ruggi!)

OTELLO
Atroce! Atroce!!!

JAGO
(dopo essersi portato accanto ad Otello, bonariamente)
Non pensateci più.

OTELLO
(balzando)
Tu?! Indietro! Fuggi!!
M'hai legato alla croce!...
275 Ahimè!... Più orrendo d'ogni orrenda
[ingiuria
Dell'ingiuria è il sospetto.
Nell'ore arcane della sua lussuria
(e a me furate!) M'agitava il petto
Forse un presagio? Ero baldo, giulivo...
280 Nulla sapevo ancor; io non sentivo
Sul suo corpo divin che m'innamora

SCENA QUINTA

Otello: Jago nel fondo.

OTELLO
(abbandonato senza forze su di una sedia)
Desdemona colpevole!...

JAGO
(Nel fondo guardando di nascosto il fazzoletto, poi ri-
mettendolo con cura nel giustacuore)
(Con questi fili tesserò la prova
Del peccato d'amore. Nella casa
Di Cassio ciò venga nascosto.)

OTELLO
Pensiero terribile!

JAGO
(fra sé fissando Otello)
(Il mio veleno lavora.)

OTELLO
Colpevole contro di me! - Contro di me!!!

JAGO
(Soffri e grida la tua ferocia!)

OTELLO
Terribile! Terribile!!!

JAGO
(dopo essersi portato vicino a Otello, bonariamente)
Non pensateci più.

OTELLO
(sobbalzando)
Tu?! Indietro! Vattene!!
Mi hai legato alla croce!...
Ahimè!... Più orribile di ogni orribile offesa

È il sospetto dell'offesa.
Nelle ore intime del suo amore
(e a me sottratte!) mi agitava forse il cuore
Un presentimento? Ero sicuro, felice...
Non sapevo ancora nulla; io non sentivo
Sul suo corpo divino che m'innamora

290. «*Diane squil-*
lanti»: sveglia data
all'alba alle milizie.
309. «*Ciurmador*»:
ciurmatore: imposto-
re, imbroglione, ciar-
latano.

E sui labbri mendaci
Gli ardenti baci
Di Cassio! Ed ora!... Ed ora...
285 Ora è per sempre addio, sante memorie,
Addio sublimi incanti del pensier!
Addio schiere fulgenti, addio vittorie,
Dardi volanti e volanti corsier!
Addio, vessillo trionfale e pio!
290 E Diane squillanti in sul mattin!
Clamori e canti di battaglia, addio!...
Della gloria d'Otello è questo il fin!

JAGO
Pace signor.

OTELLO
Sciagurato! Mi trova
295 Una prova secura
Che Desdemona è impura...
Non sfuggir! Non sfuggir! nulla ti giova!
Vo' una secura, una visibil prova!
(afferrando Jago alla gola e atterrandolo)
O sulla tua testa
300 S'accenda e precipiti il fulmine
Del mio spaventoso furor che si desta!

JAGO
(rialzandosi)
Divina grazia difendimi! Il cielo
Vi protegga! Non son più vostro alfiere.
Voglio che il mondo testimon mi sia
305 Che l'onestà è periglio.
(fa per andarsene.)

OTELLO
No... Rimani.
Forse onesto tu sei.

JAGO
(sulla soglia fingendo d'andarsene)
Meglio varrebbe
Ch'io fossi un ciurmador.

OTELLO
310 Per l'universo!
Credo leale Desdemona e credo

60

E sulle labbra bugiarde
Gli appassionati baci
Di Cassio! Ed ora!... Ed ora...
Ora è per sempre addio, sacri ricordi,
Addio pensieri sublimi ed incantevoli!
Addio eserciti splendenti, addio vittorie,
Frecce saettanti e veloci cavalli!
Addio, vessillo trionfale e pio!
E squilli di trombe all'alba!
Grida e canti di battaglia, addio!...
Questa è la fine della gloria di Otello!

JAGO

Pace signore.

OTELLO

Disgraziato! Trovami
Una prova sicura
Che Desdemona è impura...
Non fuggire! Non fuggire! Non ti serve a nulla!
Voglio una prova concreta e certa!
(afferrando Jago alla gola e gettandolo a terra)
O sulla tua testa
Si accenda e cada il fulmine
Della mia terribile collera che si scatena!

JAGO

(rialzandosi)
Divina grazia difendimi! Il cielo
Vi protegga! Non son più vostro alfiere.
Voglio che il mondo mi sia testimone
Che l'onestà è un pericolo.
(fa per andarsene.)

OTELLO

No... Rimani.
Forse sei onesto.

JAGO

(sulla soglia fingendo d'andarsene)
Sarebbe meglio
Ch'io fossi un impostore.

OTELLO

Per l'universo!
Credo leale Desdemona e credo

285. L'addio alla gloria di Otello, in ritmo largo e cadenzato, è avvolto di tristezza. Il sogno è svanito, ormai in frantumi come gli echi delle glorie militari che giungono frammentati dall'orchestra.

328. «*Flebil*»: som-
messo, appena udi-
bile.

Che non lo sia; te credo onesto e credo
Disleale... La prova io voglio! Voglio
La certezza!!

JAGO (ritornando verso Otello)

315 Signor, frenate l'ansie.
E qual certezza v'abbisogna? Avvinti
Vederli forse?

OTELLO

Ah! Morte e dannazione!!

JAGO

Ardua impresa sarebbe; e qual certezza
320 Sognate voi se quell'immondo fatto
Sempre vi sfuggirà?... Ma pur se guida
È la ragione al vero, una sì forte
Congettura riserbo che per poco
Alla certezza vi conduce. Udite.

(avvicinandosi molto ad Otello)

325 Era la notte. Cassio dormia, gli stavo
[accanto.
Con interrotte voci tradìa l'intimo
[incanto.
Le labbra lente, lente movea,
[nell'abbandono
Del sogno ardente; e allora dicea, con
[flebil suono:
"*Desdemona soave! Il nostro amor*
[s'asconda.
330 *Cauti vegliamo! L'estasi del ciel tutto*
[m'inonda!"
Seguìa più vago l'incubo blando; con
[molle angoscia,
L'interna imago quasi baciando, ei disse
[poscia:
"*Il rio destino impreco che al Moro ti*
[donò."
E allora il sogno in cieco letargo si mutò.

OTELLO

335 Oh! Mostruosa colpa!

JAGO

Io non narrai

Che non lo sia; ti credo onesto e ti credo
Sleale... Voglio la prova! Voglio
La certezza!!
JAGO *(ritornando verso Otello)*
Signore, calmatevi.
E di quale certezza avete bisogno? Vederli
Forse abbracciati?
OTELLO
Ah! Morte e dannazione!!
JAGO
Sarebbe una difficile impresa; e quale certezza
Sperate se quell'atto impuro
Vi sfuggirà sempre?... Tuttavia se la ragione
È guida alla verità, ho in serbo un'argomentazione
Così attendibile da condurvi quasi
Alla certezza. Ascoltate.
(avvicinandosi molto ad Otello)
Era notte. Cassio dormiva, gli stavo vicino.

Parlando a tratti rivelava l'intimo incanto.

Muoveva le labbra molto lentamente,
                                    [nell'abbandono
Del sogno appassionato; e allora diceva, con un
                                    [filo di voce:
"Dolce Desdemona! Il nostro amore rimanga
                                    [segreto.
Vegliamo prudenti! L'estasi del cielo m'invade
                                    [interamente!"
Il dolce incubo continuò più incostante; con dolce
                                    [pena,
Quasi baciando l'immagine dentro di lui, egli
                                    [disse quindi:
"Maledico il destino malvagio che ti donò al
                                    [Moro."
Poi il sogno svanì nel sonno silenzioso.
OTELLO
Oh! Colpa mostruosa!
JAGO
Io non ho raccontato

324. La descrizione del sogno di Cassio si caratterizza per la complessità metrica. È costituito da cinque distici di settenari doppi. Il primo, il secondo ed il quarto, in cui Jago racconta il sogno di Cassio, hanno una seconda scansione in una terzina doppia di quinari, mentre il terzo ed il quinto, in cui Jago riporta le parole di Cassio, vi è un'unica scansione in settenari doppi. Verdi musicò i primi in modo lirico ed i secondi in stile declamatorio.
La menzogna di Jago è sottolineata dal cambiamento timbrico della strumentazione. Tuttavia, la linea armonica dei flauti e l'entrata degli archi non svelano la realtà, ma sostengono l'illusione.

63

Che un sogno.

OTELLO

Un sogno che rivela un fatto.

JAGO

Un sogno che può dar forma di prova
340 Ad altro indizio.

OTELLO

E qual?

JAGO

Talor vedeste
In mano di Desdemona un tessuto
Trapunto a fior e più sottil d'un velo?

OTELLO

345 É il fazzoletto che io le diedi, pegno
Primo d'amor.

JAGO

Quel fazzoletto ieri (certo
Ne son) lo vidi in man di Cassio.

OTELLO

Ah! Mille vite gli donasse Iddio!
350 Una è povera preda al furor mio!!
Jago, ho il cor di gelo.
Lungi da me le pietose larve!
Tutto il mio vano amor esalo al cielo.
Guardami, - ei sparve!
355 Nelle sue spire d'angue
L'idra m'avvince! Ah! Sangue! Sangue!
[Sangue!!

(s'inginocchia)

Sì, pel ciel marmoreo giuro! Per le attorte
[folgori!
Per la Morte e per l'oscuro mar
[sterminator!
D'ira e d'impeto tremendo presto fia che
[sfolgori
360 Questa man ch'io levo e stendo!

(levando le mani al cielo)
(Otello fa per alzarsi: Jago lo trattiene inginocchiato
e si inginocchia anch'esso)

64

Che un sogno.
OTELLO
Un sogno che rivela un fatto.
JAGO
Un sogno che può dar forma di prova
Ad un altro indizio.
OTELLO
E quale?
JAGO
Vedeste qualche volta
In mano a Desdemona un tessuto
Ricamato a fiori e più sottile di un velo?
OTELLO
È il fazzoletto che io le diedi, pegno
Supremo d'amore.
JAGO
Quel fazzoletto ieri (ne sono
certo) lo vidi nelle mani di Cassio.
OTELLO
Ah! Mille vite gli donasse Iddio!
Una per la mia collera è povera preda!!
Jago, ho il cuore di ghiaccio.
Lontano da me ombra di pietà!
Tutto il mio inutile amore esalo al cielo.
Guardami, - esso è scomparso!
La serpe mostruosa mi avvolge
Nelle sue spire! Ah! Sangue! Sangue! Sangue!!

(s'inginocchia)
Sì, giuro per il cielo immobile! Per il saettare dei
                                              [fulmini!
Per la Morte e per l'oscuro mare sterminatore!

Accada presto che risplenda di collera e di
                                    [tremenda violenza
Questa mano che io sollevo!
(levando le mani al cielo)
(Otello fa per alzarsi: Jago lo trattiene inginocchiato e
si inginocchia anch'esso)

357. Il giuramento
di Otello e Jago è un
movimento di caba-
letta, che nel melo-
dramma ottocente-
sco seguiva di solito
una cavatina o
un'aria. La melodia
è affidata a Jago e
la strofa di Otello
funge da controcan-
to.

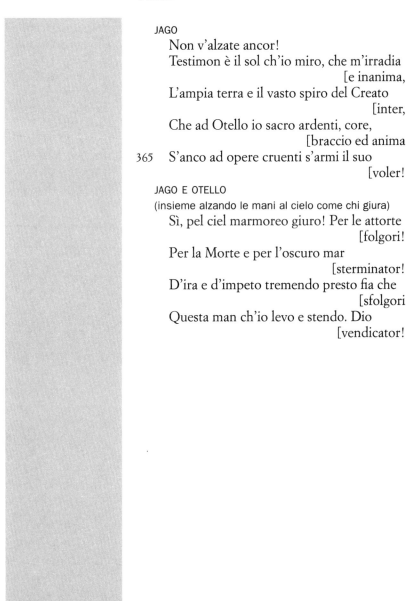

JAGO
Non v'alzate ancor!
Testimon è il sol ch'io miro, che m'irradia
[e inanima,
L'ampia terra e il vasto spiro del Creato
[inter,
Che ad Otello io sacro ardenti, core,
[braccio ed anima
365 S'anco ad opere cruenti s'armi il suo
[voler!

JAGO E OTELLO
(insieme alzando le mani al cielo come chi giura)
Sì, pel ciel marmoreo giuro! Per le attorte
[folgori!
Per la Morte e per l'oscuro mar
[sterminator!
D'ira e d'impeto tremendo presto fia che
[sfolgori
Questa man ch'io levo e stendo. Dio
[vendicator!

JAGO

Non alzatevi ancora!
Sia testimone il sole che guardo, che m'illumina
[e dà la vita,
La grande terra e il vasto spirito dell'intero
[Creato,
Che ad Otello consacro ardenti, cuore, braccio ed
[anima
Se anche fossero in suo volere azioni sanguinose!

JAGO E OTELLO

(insieme alzando le mani al cielo come chi giura)
Sì, giuro per il cielo luminoso! Per il saettare dei
[fulmini!
Per la Morte e per l'oscuro mare sterminatore!

Avvenga presto che risplenda di collera e di
[tremenda violenza
Questa mano che io sollevo! Dio vendicatore!

ATTO TERZO

«*Peristilio*»: portico a colonne che recinge l'esterno di un edificio.
2. «*Galea*»: nave militare leggera molto diffusa nel Mediterraneo fin dal basso Medioevo.
7. «*Adescherò*»: attirare, attrarre.
9. «*Lazzi*»: battute, frizzi; Nella commedia dell'arte il lazzo era una breve scena, prevalentemente mimica, che interrompeva la monotonia del dialogo.

LA GRAN SALA DEL CONCERTO

A destra un vasto peristilio a colonne.
Questo peristilio è annesso ad una sala di minori proporzioni; nel fondo della sala un verone.

SCENA PRIMA

Otello. Jago. L'Araldo.

ARALDO
(dal peristilio a Otello che sarà con Jago nella sala)
La vedetta del porto ha segnalato
La veneta galea che a Cipro adduce
Gli ambasciatori.

OTELLO
(all'Araldo, facendogli cenno di allontanarsi)
Bene stà.
(l'Araldo esce)

OTELLO (a Jago)
5   Continua.

JAGO
Qui trarrò Cassio e con astute inchieste
Lo adescherò a ciarlar. Voi là nascosto
(indicando il vano del verone)
Scrutate i modi suoi, le sue parole,
I lazzi, i gesti. Paziente siate
10   O la prova vi sfugge. Ecco Desdemona.
Finger conviene... io vado.
(s'allontana come per escire, poi s'arresta e si riavvicina ad Otello)
Il fazzoletto...

OTELLO
Va! volentieri obliato l'avrei.
(Jago esce)

68

LA GRAN SALA DEL CONCERTO

A destra un vasto portico a colonne.
Questo portico è unito ad una sala di minori
proporzioni; nel fondo della sala un balcone.

SCENA PRIMA

Otello. Jago. L'Araldo.

ARALDO
(dal portico a Otello che sarà con Jago nella sala)
La vedetta del porto ha segnalato
La galea veneta che conduce a Cipro
Gli ambasciatori.
OTELLO
(all'Araldo, facendogli cenno di allontanarsi)
Va bene.
(l'Araldo esce)
OTELLO (a Jago)
Continua.
JAGO
Condurrò qui Cassio e con astute domande
Lo spingerò a parlare. Voi là nascosto
(indicando il vano del balcone)
Osservate i suoi modi, le sue parole,
Le battute, i gesti. Siate paziente
O vi sfuggirà la prova. Ecco Desdemona.
È meglio fingere... io vado.
(s'allontana come per uscire, poi si ferma e si riavvi-
cina ad Otello)
Il fazzoletto...
OTELLO
Va! l'avrei dimenticato volentieri.
(Jago esce)

Si alza il sipario.
Otello e Jago stanno
conversando. Ai vio-
loncelli, che aprono
il preludio, si ag-
giunge rapidamente
in crescendo l'intera
orchestra (come a
sottolineare l'ineso-
rabile progredire del-
la follia di Otello) in-
terrotta dal *pianissi-
mo* in Mi maggiore
dell'araldo che an-
nuncia l'arrivo degli
ambasciatori.

69

15. «*Eburnea*»: bian-
ca come l'avorio.
16. «*Mador*»: leggera
umidità che precede
il sudore.
19. «*Artiglio*»: robu-
sta unghia adunca di
molti animali da pre-
da. Riferito alla ma-
no di Desdemona ne
sottolinea la cattive-
ria d'animo presup-
posta da Otello.
29. «*Ordia*»: nella
tessitura significa di-
sporre sul telaio l'or-
dito, ossia i fili che
costituiscono la par-
te longitudinale del
tessuto su cui si in-
serisce la trama per
formare l'intreccio.
«*Stame*»: filo pre-
giato impiegato per
tessuti pregiati.

SCENA SECONDA

Otello. Desdemona dalla porta di sinistra.

DESDEMONA (ancora presso alla soglia)
Dio ti giocondi, o sposo dell'alma mia
                                        [sovrano.
OTELLO (andando incontro a Desdemona e prenden-
dole la mano.)
15   Grazie, madonna, datemi la vostra
                                        [eburnea mano.
Caldo mador ne irrora la morbida beltà.
DESDEMONA
Essa ancor l'orme ignora del duolo e
                                        [dell'età.
OTELLO
Eppur qui annida il demone gentil del
                                        [mal consiglio,
Che il vago avorio allumina del
                                        [piccioletto artiglio.
20   Mollemente alla prece s'atteggia e al pio
                                        [fervore...
DESDEMONA
Eppur con questa mano io v'ho donato il
                                        [core.
Ma riparlar vi debbo di Cassio.
OTELLO
Ancor l'ambascia
Del mio morbo m'assale; tu la fronte mi
                                        [fascia.
DESDEMONA (porgendogli un fazzoletto)
25   A te.
OTELLO
No; il fazzoletto voglio ch'io ti donai.
DESDEMONA
Non l'ho meco.
OTELLO
Desdemona, guai se lo perdi! Guai!
Una possente maga ne ordia lo stame
                                        [arcano:

SCENA SECONDA

Otello. Desdemona dalla porta di sinistra.

DESDEMONA (ancora presso alla soglia)
Dio ti renda felice, o sposo sovrano della mia
[anima.

OTELLO (andando incontro a Desdemona e prendendole la mano)
Grazie, signora, datemi la vostra bianca mano.
Un tiepido sudore ne inumidisce la morbida
[bellezza.

DESDEMONA
Essa ancora non conosce i segni del dolore e
[dell'età.

OTELLO
Eppure qui si nasconde il sottile demone della
[malafede,
Che fa risplendere il delicato avorio delle piccole
[unghie.
Dolcemente si atteggia alla preghiera e al pio
[fervore...

DESDEMONA
Eppure con questa mano vi ho donato il cuore.

Ma vi debbo riparlare di Cassio.

OTELLO
Ancora un attacco doloroso
Della mia malattia; fasciami la fronte.

DESDEMONA (porgendogli un fazzoletto)
Tieni.

OTELLO
No; voglio il fazzoletto che ti ho regalato.

DESDEMONA
Non l'ho con me.

OTELLO
Desdemona, guai se lo perdi! Guai!
Una potente maga ne ha tessuto il filo segreto:

La scena II è costituita dal dialogo tra Otello e Desdemona. Verdi musica i versi in forma di arietta. Anche in questo caso come nel dialogo tra Otello e Jago del secondo atto, i versi sono settenari doppi, ma vi si trova una scansione doppia tra quinario semplice e quinario doppio nel momento in cui Otello descrive il fazzoletto (28-31), simbolo della gelosia. La scansione è rispettata perfettamente dal fraseggio del Maestro.

15. L'ironia ed il sarcasmo contenuti nelle parole di Otello sono splendidamente ripresi dalle note del clarinetto.

71

30. *«Malia»*: fattura, maleficio, incantesimo; incanto, fascino, suggestione. *«Talismano»*: oggetto a cui si attribuisce un potere magico.
40. *«Tosto»*: agg. rapido, breve. Come avv. presto, rapidamente.

30 Ivi è riposta l'alta malia d'un talismano.
Bada! Smarrirlo, oppur donarlo, è ria
[sventura!

DESDEMONA
Il vero parli?

OTELLO
Il vero parlo.

DESDEMONA
Mi fai paura!...

OTELLO
35 Che?! L'hai perduto forse?

DESDEMONA
No...

OTELLO
Lo cerca.

DESDEMONA
Fra poco...
Lo cercherò...

OTELLO
40 No, tosto!

DESDEMONA
Tu di me ti fai gioco,
Storni così l'inchiesta di Cassio; astuzia è
[questa
del tuo pensier.

OTELLO
Pel cielo! L'anima mia si desta!
45 Il fazzoletto...

DESDEMONA
È Cassio l'amico tuo diletto.

OTELLO
Il fazzoletto!!

DESDEMONA
A Cassio perdona...

OTELLO
Il fazzoletto!!!

DESDEMONA
50 Gran Dio! Nella tua voce v'è un grido di
[minaccia!

*Vi si nasconde il sublime incantesimo di un
simbolo magico. Bada! Perderlo, oppure
regalarlo, significa malvagia sventura!*
DESDEMONA
Dici sul serio?
OTELLO
Dico sul serio.
DESDEMONA
Mi fai paura!...
OTELLO
Che?! L'hai perduto forse?
DESDEMONA
No...
OTELLO
Cercalo.
DESDEMONA
*Fra poco...
Lo cercherò...*
OTELLO
No, subito!
DESDEMONA
*Tu mi prendi in giro,
Così allontani la richiesta di Cassio; questa è
[un'astuzia
Del tuo pensiero.*
OTELLO
*In nome del cielo! Il mio spirito si risveglia!
Il fazzoletto...*
DESDEMONA
Cassio è il tuo amico preferito.
OTELLO
Il fazzoletto!!
DESDEMONA
Perdona Cassio...
OTELLO
Il fazzoletto!!!
DESDEMONA
*Gran Dio! Nella tua voce vi è un grido di
[minaccia!*

47. Le biscrome dei violoncelli sottolineano l'inesorabile crescendo della collera di Otello, che condurrà ben presto alla tragedia finale.

73

66. «*Esterrefatta*»: assalita da un intenso e improvviso stupore. Sbalordita; in preda al terrore.

OTELLO
Alza quegli occhi!
(prendendola a forza sotto il mento e alla spalla e obbligandola a guardarlo)

DESDEMONA
Atroce idea!

OTELLO
Guardami in faccia!
Dimmi chi sei!

DESDEMONA
55 La sposa fedel d'Otello.

OTELLO
Giura!
Giura e ti danna...

DESDEMONA
Otello fedel mi crede.

OTELLO
Impura
60 Ti credo.

DESDEMONA
Iddio m'aiuti!

OTELLO
Corri alla tua condanna,
Dì che sei casta.

DESDEMONA
(fissandolo)
Casta... io son...

OTELLO
65 Giura e ti danna!!!

DESDEMONA
Esterrefatta fisso lo sguardo tuo
            [tremendo,
in te parla una Furia, la sento e non
            [l'intendo.
Mi guarda! Il volto e l'anima ti svelo; il
            [core infranto
Mi scruta... io prego il cielo per te con
            [questo pianto.
70 Per te con queste stille cocenti aspergo il
            [suol.

OTELLO
Alza quegli occhi!
(prendendola a forza sotto il mento e la spalla e ob-
bligandola a guardarlo)
DESDEMONA
Terribile pensiero!
OTELLO
Guardami in faccia!
Dimmi chi sei!
DESDEMONA
La sposa fedele di Otello.
OTELLO
Giura!
Giura e dannati l'anima...
DESDEMONA
Otello credimi fedele.
OTELLO
Ti credo
Impura.
DESDEMONA
Iddio m'aiuti!
OTELLO
Corri verso la tua condanna,
Dì che sei casta.
DESDEMONA
(fissandolo)
Casta... lo sono...
OTELLO
Giura e dannati l'anima!!!
DESDEMONA
Fisso il tuo sguardo terribile con grande stupore,

Una furia parla dentro di te, la sento e non la
[comprendo.
Guardami! Il volto e l'anima ti svelo; il cuore
[infranto
Osservami...io con questo pianto prego il cielo
[per te.
Per te con queste lacrime ardenti bagno il suolo.

66. In queste ampie frasi Desdemona si impegna ancora in una tessitura melodica che spazia dalle note gravi a quelle acute. La realtà le appare in tutta la sua crudezza. Il sogno idilliaco di fanciulla innamorata lascia in questi versi il posto alla tragica immagine dell'uomo irriconoscibile che le sta di fronte.

76. «*Impetro*»: impetrare: chiedere supplicando.

Guarda le prime lagrime che da me
[spreme il duol.

OTELLO
S'or ti scorge il tuo demone un angelo ti
[crede
E non t'afferra.

DESDEMONA
Vede l'Eterno la mia fede!

OTELLO
75 No! La vede l'inferno.

DESDEMONA
La tua giustizia impetro,
Sposo mio!

OTELLO
Ah! Desdemona! - Indietro! Indietro!
[Indietro!!

DESDEMONA
Tu pur piangi?!... e gemendo freni del
[cor lo schianto
80 E son io l'innocente cagion di tanto
[pianto?...
Qual è il mio fallo?

OTELLO
E il chiedi?... Il più nero delitto
sovra il candido giglio della tua fronte è
[scritto.

DESDEMONA
Ahimè!

OTELLO
85 Che? non sei forse una vil cortigiana?

DESDEMONA
Ciel! No... no... pel battesmo della fede
[cristiana!...

OTELLO
Che?...

DESDEMONA
Non son ciò che esprime quella parola
[orrenda.

(Otello prende Desdemona per mano e la conduce
alla porta d'onde entrò.)

Guarda le prime lacrime che il dolore mi fa
                                        [piangere.
OTELLO
Se ora ti vedesse il tuo demone ti crederebbe un
                                        [angelo
E non ti riconoscerebbe.
DESDEMONA
L'Eterno vede la mia fede!
OTELLO
No! La vede l'inferno.
DESDEMONA
Supplico la tua giustizia,
Mio sposo!
OTELLO
Ah! Desdemona! - Indietro! Indietro! Indietro!!

DESDEMONA
Anche tu piangi?!... e soffrendo trattieni lo
                                [strazio del cuore
E sono io l'innocente motivo di tanto pianto?...

Qual è il mio errore?
OTELLO
E lo chiedi?... Il delitto più grave
È scritto sul candido giglio della tua fronte.

DESDEMONA
Ahimè!
OTELLO
Che? non sei forse una vile cortigiana?
DESDEMONA
Cielo! No... no... per il battesimo della fede
                                        [cristiana!...
OTELLO
Che?...
DESDEMONA
Non sono ciò che significa quella parola orrenda.

(Otello prende Desdemona per mano e la conduce alla porta da dove era entrata.)

82. «*Il più nero delit-to*» sospettato da Otello, il supposto tradimento di Desdemona, è qui tragicamente configurato dai tre tromboni che suonano un prolungato Mi grave.

89. «*Fare ammenda*»: riparare una colpa commessa o un danno arrecato a qualcuno.
90. «*Fello*»: è un termine con varie accezioni: malvagio, crudele, spietato; irato, risentito; malinconico, addolorato.
102. «*Larva*»: ombra, spettro, fantasma. Per gli antichi romani le larve erano gli spiriti errabondi degli uomini malvagi. In poesia ha assunto anche il significato di maschera.

OTELLO
Datemi ancor l'eburnea mano, vo' fare
    [ammenda.
90   Vi credea (perdonate se il mio pensiero è
    [fello)
Quella vil cortigiana che è la sposa d'Otello.
(alle ultime parole Otello, che sarà sul limitare della porta di sinistra, sforza con una inflessione del braccio, Desdemona ad escire.)

SCENA TERZA

OTELLO
Dio! mi potevi scagliar tutti i mali
Della miseria, - della vergogna,
Far de' miei baldi trofei trionfali
95   Una maceria, - una menzogna...
E avrei portato la croce crudel
D'angosce e d'onte
Con calma fronte
E rassegnato al volere del ciel.
100 Ma, o pianto, o duol! m'han rapito il
    [miraggio
Dov'io, giulivo, - l'anima acqueto.
Spento è quel sol, quel sorriso, quel
    [raggio
Che mi fa vivo, - che mi fa lieto!
Tu al fin, Clemenza, pio genio immortal
105 Dal roseo riso,
Copri il tuo viso
Santo coll'orrida larva infernal!

SCENA QUARTA

Otello, poi Jago.

OTELLO
Ah! Dannazione!

OTELLO
Datemi ancora la bianca mano, chiederò scusa.

Vi credevo (perdonate se il mio pensiero è
[malvagio)
Quella vile cortigiana che è la sposa d'Otello.

(alle ultime parole Otello, che sarà sul limite della
porta di sinistra, sforza con un gesto del braccio,
Desdemona ad uscire.)

SCENA TERZA

OTELLO
Dio! potevi lanciarmi contro tutti i mali
Della miseria, della vergogna,
Fare una rovina, una menzogna
Delle mie coraggiose vittorie trionfali...
E avrei portato la croce crudele
Di pene e umiliazioni
Con serenità
E rassegnato al volere del cielo.
Ma, o pianto, o dolore! mi hanno rubato il sogno

Dove io, felice, - riposavo l'anima.
Quel sole è spento, quel sorriso, quel raggio

Che mi rende vivo, - che mi rende felice!
Infine tu, Clemenza, pio genio immortale
Dal sorriso roseo,
Copri il tuo viso
Santo con l'orrenda maschera infernale!

SCENA QUARTA

Otello, poi Jago.

OTELLO
Ah! Dannazione!

92. È il più lungo degli *a solo* di Otello, il soliloquio di un uomo ormai allo stremo della resistenza fisica e psicologica, come sottolinea il movimento lento delle scale cromatiche dell'orchestra.
100. Si tratta di uno dei passaggi in cui si richiede al tenore grande duttilità interpretativa. Il personaggio di Otello, infatti, è assai complesso, in quanto alterna momenti di ira e violenza, in cui l'interprete può esprimere la sua potenza, a passaggi come questo più raccolti, dolci e sfumati che richiedono dunque grande sensibilità.

79

125. «*Profferta*»:
lett. proposta, offerta.

Pria confessi il delitto e poscia muoia!
110 Confession! Confessione!...
(entra Jago)
La prova!...
JAGO
(accanto ad Otello e indicando l'ingresso)
Cassio è là!
OTELLO
Là?! Cielo! Gioia!!
(poi con subito raccapriccio)
Orror! - supplizî immondi!!
JAGO
115 Ti frena! Ti nascondi.
(conduce rapidamente Otello nel fondo a sinistra dove c'è il vano del verone corre verso il fondo del peristilio dove incontra Cassio che esita ad entrare.)

SCENA QUINTA

Otello nascosto. Jago e Cassio.

JAGO
Vieni; l'aula è deserta.
T'inoltra, Capitano.
CASSIO
Questo nome d'onor suona ancor vano
Per me.
JAGO
120 Fa cor, la tua causa è in tal mano
Che la vittoria è certa.
CASSIO
Io qui credea di ritrovar Desdemona.
OTELLO (nascosto)
(Ei la nomò.)
CASSIO
Vorrei parlarle ancora,
125 Per saper se la mia grazia è profferta.
JAGO (gaiamente)
L'attendi; e intanto giacché non si stanca

Prima confessi il delitto e poi muoia!
Confessione! Confessione!...
(entra Jago)
La prova!...
JAGO
(vicino ad Otello e indicando l'ingresso)
Cassio è là!
OTELLO
Là?! Cielo! Gioia!!
(poi con immediato orrore)
Orrore! - tormenti terribili!!
JAGO
Controllati! Nasconditi.
(conduce rapidamente Otello nel fondo a sinistra dove c'è lo spazio del balcone, corre verso il fondo del portico dove incontra Cassio che esita ad entrare.)

SCENA QUINTA

Otello nascosto. Jago e Cassio.

JAGO
Vieni; la sala è deserta.
Entra, Capitano.
CASSIO
Questo titolo d'onore non significa ancora nulla
Per me.
JAGO
Rassicurati, la tua causa è in tali mani
Che la vittoria è certa.
CASSIO
Credevo di ritrovare qui Desdemona.
OTELLO (nascosto)
(Ha fatto il suo nome.)
CASSIO
Vorrei parlarle ancora,
Per saper se la mia grazia è stata richiesta.
JAGO (allegramente)
Aspettala; e intanto, visto che la tua lingua

116. La scena V è incentrata sul terzetto tra Jago, Cassio ed Otello nascosto. Dopo il movimento lento del monologo di Otello nella scena precedente, Verdi musica il «terzetto del fazzoletto» in modo scherzoso, ma i lazzi tra Jago e Cassio, che Otello crede riferiti a Desdemona, si intrecciano con le parole angosciate degli interventi drammatici di quest'ultimo. La scena si conclude con l'allegro brillante in 6/8 della cabaletta.

134. «*Rai*»: raggi, con riferimento all'idea di luminosità. In poesia spesso si riferisce agli occhi, allo sguardo.

143. «*Lai*»: antico componimento lirico di origine bretone. Verso il duecento si definisce così un poemetto narrativo di carattere fantastico e amoroso.

Mai la tua lingua nelle fole gaie,
Narrami un po' di lei che t'innamora.
(conducendo Cassio accanto alla prima colonna del peristilio.)

CASSIO
Di chi?

JAGO
(sottovoce assai)
130   Di Bianca.

OTELLO
(Sorride!)

CASSIO
Baie!...

JAGO
     Essa t'avvince
Coi vaghi rai.

CASSIO
135   Rider mi fai.

JAGO
     Ride chi vince.

CASSIO
(ridendo)
  In tai disfide - per verità,
vince chi ride - Ah! Ah!

JAGO
(come sopra)
Ah! Ah!

OTELLO
140   (L'empio trionfa, il suo scherno m'uccide;
Dio frena l'ansia che in core mi stà!)

CASSIO
  Son già di baci
sazio e di lai.

JAGO
  Rider mi fai.

CASSIO
145   O amor' fugaci!

JAGO
  Vagheggi il regno - d'altra beltà.
Colgo nel segno? -

non si stanca mai di raccontare storie divertenti,
Raccontami un po' di colei di cui sei innamorato.
(conducendo Cassio accanto alla prima colonna del
portico.)

CASSIO
Di chi?

JAGO
(molto sottovoce)
Di Bianca.

OTELLO
(Sorride!)

CASSIO
Storie!...

JAGO
Ti affascina
Con il suo sguardo incantevole.

CASSIO
Mi fai ridere.

JAGO
Ride chi vince.

CASSIO
(ridendo)
In tali sfide - in verità,
Vince chi ride - Ah! Ah!

JAGO
(come sopra)
Ah! Ah!

OTELLO
(Il malvagio trionfa, la sua ironia mi uccide;
Dio frena l'ansia che ho nel cuore!)

CASSIO
Sono già colmo
di baci e di versi amorosi.

JAGO
Mi fai ridere.

CASSIO
O amori passeggeri!

JAGO
Sogni il regno di un altra bellezza.
Colgo nel segno?

140. Otello cade
nell'inganno orche-
strato da Jago, che
in questo frangente
dimostra tutta la
sua astuzia e malva-
gità.

162. «*Lasso*»: stanco, sfinito, affaticato; infelice, misero, spesso in espressioni esclamative (ahimè lasso!).

CASSIO
Ah! Ah!
JAGO
Ah! Ah!
OTELLO
150 (L'empio m'irride - il suo scherno
[m'uccide;
Dio frena l'ansia che in core mi stà!)
CASSIO
Nel segno hai côlto.
Sì, lo confesso.
M'odi...
JAGO (assai sottovoce)
155 Sommesso
Parla. T'ascolto.
CASSIO
(assai sottovoce, mentre Jago lo conduce in posto
più lontano da Otello.)
(or sì, or no si senton le parole.)
Jago, t'è nota
La mia dimora...
...   .
(le parole si perdono.)
OTELLO
(avvicinandosi un poco e cautamente per udir ciò
che dicono.)
(Or gli racconta il modo,
160 Il luogo e l'ora...)
CASSIO
(continuando il racconto sempre sottovoce.)
...   .
Da mano ignota...
...   .
(le parole si perdono ancora.)
...   .
OTELLO
(Le parole non odo...
Lasso! udir le vorrei! Dove son giunto!!)
CASSIO
...   .

CASSIO
Ah! Ah!

JAGO
Ah! Ah!

OTELLO
(Il malvagio mi deride - la sua ironia mi uccide;

Dio frena l'ansia che ho nel cuore!)

CASSIO
Hai colto nel segno.
Sì, lo confesso.
Ascoltami...

JAGO (assai sottovoce)
Parla sottovoce
Ti ascolto.

CASSIO
(molto sottovoce, mentre Jago lo conduce in un posto più lontano da Otello.)
(ora sì, ora no si sentono le parole)
Jago, tu conosci
La mia casa...

...   .
(le parole si perdono)

OTELLO
(avvicinandosi un poco e con prudenza per ascoltare ciò che dicono.)
(Ora gli racconta il modo,
Il luogo e l'ora...)

CASSIO
(continuando il racconto sempre sottovoce.)
...   .
Da mano sconosciuta...
...   .
(le parole si perdono ancora.)
...   .

OTELLO
(Non sento le parole... Infelice!
Le vorrei sentire! A quale punto sono arrivato!!)

CASSIO
...   .

156. Jago conduce Cassio nel luogo più lontano da Otello, che non può più sentire nulla. L'orchestra sottolinea il misterioso dialogo tra i due con un tremolo dell'ottavino e un gruppo ridotto di archi.

85

168. «*Baie*»: beffe, canzonature, fandonie.

Un vel trapunto...

...   .

(come sopra)

JAGO

165 È strano! È strano!

OTELLO

(D'avvicinarmi Jago mi fa cenno.)

(passo passo con lenta cautela, Otello, nascondendosi dietro le colonne, arriverà più tardi vicino ai due.)

JAGO

(sottovoce)

Da ignota mano?

(forte)

Baie!

CASSIO

Da senno.

(Jago gli fa cenno di parlar ancora sottovoce.)

170 Quanto mi tarda
Saper chi sia...

JAGO

(guardando rapidamente dalla parte di Otello - fra sé.)

(Otello spia.)

(a Cassio ad alta voce)

L'hai teco?

CASSIO

(estrae dal giustacuore il fazzoletto di Desdemona)

Guarda.

JAGO

(prendendo il fazzoletto)

Qual meraviglia!

(a parte)

175 (Otello origlia.
ei s'avvicina
Con mosse accorte.)

(a Cassio inclinandosi scherzosamente e passando le mani dietro la schiena perché Otello possa osservare il fazzoletto.)

Bel cavaliere nel vostro ostel

Un fazzoletto ricamato...

...   .

(come sopra)

JAGO

É strano! È strano!

OTELLO

(*Jago mi fa segno d'avvicinarmi.*)

(piano piano, con lentezza e prudenza, Otello, nascondendosi dietro le colonne, arriverà più tardi vicino ai due.)

JAGO

(sottovoce)

Da mano sconosciuta?

(forte)

Storie!

CASSIO

Sul serio.

(Jago gli fa segno di parlare ancora sottovoce.)

Quanto desidererei
Sapere chi sia...

JAGO

(guardando rapidamente dalla parte di Otello - fra sé.)

(Otello spia.)

(a Cassio ad alta voce)

L'hai con te?

CASSIO

(estrae dal giustacuore il fazzoletto di Desdemona)

Guarda.

JAGO

(prendendo il fazzoletto)

Che meraviglia!

(a parte)

(*Otello ascolta.*

Egli si avvicina

Muovendosi con prudenza.)

(a Cassio inchinandosi scherzosamente e passando le mani dietro la schiena perché Otello possa osservare il fazzoletto.)

Bel cavaliere nella vostra casa

172. Nel momento in cui Jago chiede a Cassio di mostrargli il fazzoletto l'orchestra ritorna al completo, dopo che gran parte del dialogo tra i due si è svolto come scena muta.

179. *«Aureola»*: nel-
l'iconografia tradizio-
nale è il cerchio lu-
minoso, a volte
a raggiera, che cir-
conda il capo dei
santi.
200. *«Aspo»*: stru-
mento che serve ad
avvolgere un filo for-
mando una matas-
sa.

Perdono gli angeli l'aureola e il vel.

OTELLO

180 (È quello! È quello!
Ruina e Morte!)

JAGO

(Origlia Otello.)

OTELLO

(nascosto dietro la colonna e guardando di tratto in tratto il fazzoletto nelle mani di Cassio.)

(Tutto è spento! Amore e duol.
L'alma mia nessun più smova.
185 Tradimento, la tua prova
Spaventosa mostri al Sol.)

JAGO

(a Cassio)

(indicando il fazzoletto.)

Quest'è una ragna
Dove il tuo cuor
Casca, si lagna,
190 S'impiglia e muor.
Troppo l'ammiri,
Troppo la guardi,
Bada ai deliri
Vani e bugiardi.
195 Quest'è una ragna
Dove il tuo cuor
Casca, si lagna,
S'impiglia e muor.

CASSIO

(guardando il fazzoletto che avrà ritolto a Jago.)

Miracolo vago
200 Dell'aspo e dell'ago
Che in raggi tramuta
Le fila d'un vel;
Più bianco, più lieve
Che fiocco di neve,
205 Che nube tessuta
Dall'aure del ciel.

(squillo di tromba interno, poi un colpo di cannone.)

(Otello sarà ritornato nel vano del verone.)

Gli angeli perdono l'aureola e il velo.
OTELLO
(È quello! È quello!
Rovina e Morte!)
JAGO
(Ascolta Otello.)
OTELLO
(nascosto dietro la colonna e guardando di tanto in tanto il fazzoletto nelle mani di Cassio.)
(Tutto è finito! Amore e dolore. Che nessuno
più spinga la mia anima a commuoversi.
Tradimento, mostri alla luce del sole
La tua prova spaventosa.)
JAGO
(a Cassio)
(indicando il fazzoletto.)
Questa è una ragnatela
Dove il tuo cuore
Cade, si lamenta,
Rimane prigioniero e muore.
L'ammiri troppo,
Troppo la guardi,
Fai attenzione alle follie
Inutili ed ingannevoli.
Questa è una ragnatela
Dove il tuo cuore
Cade, si lamenta,
Rimane prigioniero e muore.
CASSIO
(guardando il fazzoletto che avrà ripreso a Jago.)
Miracolo meraviglioso
Dell'aspo e dell'ago
Che trasforma in raggi di luce
I fili di un velo;
Più bianco, più leggero
Di un fiocco di neve,
di una nuvola ricamata
Dal vento del cielo.
(squillo di tromba interno, poi un colpo di cannone.)
(Otello sarà ritornato nella stanza del verone.)

180. L'esclamazione di Otello in tutta la sua drammaticità è sottolineata da trilli dell'orchestra che ricordano per intensità il «*Credo...*» di Jago del secondo atto.

208. «*Trireme*»: antica nave da guerra con tre rematori per banco.

JAGO
Quest'è il segnale che annuncia l'approdo
Della trireme veneziana. Ascolta.
(squilli da varie parti)
Tutto il castel co' suoi squilli risponde.
210 Se qui non vuoi con Otello scontrarti
Fuggi.
CASSIO
Addio.
JAGO
Va.
(Cassio esce velocemente dal fondo.)

SCENA SESTA

Jago. Otello

OTELLO
(avvicinandosi a Jago)
Come la ucciderò?
JAGO
215 Vedeste ben com'egli ha riso?
OTELLO
Vidi.
(Di tanto in tanto salve di gioia e squilli che si avvicinano.)
JAGO
E il fazzoletto?
OTELLO
Tutto vidi.
VOCI
(dal di fuori, lontane)
Evviva!
VOCI
220 Alla riva!
VOCI
Allo sbarco!
OTELLO
È condannata.

JAGO

Questo è il segnale che annuncia l'arrivo in porto
Della trireme veneziana. Ascolta.
(squilli da varie parti)
Tutto il castello risponde con i suoi squilli.
Se non vuoi incontrarti qui con Otello
Fuggi.

CASSIO

Addio.

JAGO

Va'.
(Cassio esce velocemente dal fondo.)

SCENA SESTA

Jago. Otello

OTELLO

(avvicinandosi a Jago)
Come la ucciderò?

JAGO

Avete visto bene come rideva?

OTELLO

Ho visto.
(Di tanto in tanto salve di gioia e squilli che si avvicinano.)

JAGO

E il fazzoletto?

OTELLO

Ho visto tutto.

VOCI

(dal di fuori, lontane)
Evviva!

VOCI

A riva!

VOCI

Allo sbarco!

OTELLO

È condannata.

207. L'arrivo della trireme veneziana avvia la scena alla conclusione. Cassio si allontana per non rischiare di incontrare Otello e l'ambasciatore veneziano. 214. Squilli lontani di trombe (Verdi ne predispone sei divise a coppie che suonano dal porto e dal castello) annunciano l'arrivo di Lodovico e mentre si odono le fanfare e gli *«evviva»* in lontananza Otello, ormai convinto della colpevolezza di Desdemona, scambia con Jago parole di morte. Desdemona sarà soffocata, ma nel frattempo deve comparire di fronte all'ambasciatore.

91

238. «*Doge*»: massi-
ma carica statale
della Repubblica di
Venezia.

Fa ch'io m'abbia un velen per questa
[notte.

VOCI
(più vicine)
Evviva! Evviva il Leon di San Marco!

JAGO
225 Il tosco no, val meglio soffocarla,
Là, nel suo letto, là, dove ha peccato.

OTELLO
Questa giustizia tua mi piace.

JAGO
A Cassio
Jago provvederà.

OTELLO
230 Jago, fin d'ora
Mio Capitano t'eleggo.

JAGO
Mio Duce,
Grazie vi rendo.
(il tumulto è sempre più vicino. Fanfare e grida.)
Ecco gli Ambasciatori.
235 Li accogliete. Ma ad evitar sospetti
Desdemona si mostri a quei Messeri.

OTELLO
Sì, qui l'adduci.
(Jago esce dalla porta di sinistra: Otello s'avvia ver-
so il fondo per ricevere gli Ambasciatori.)

SCENA SETTIMA

Otello. Lodovico, Roderigo, l'Araldo. -
Dignitari della Repubblica Veneta -
Gentiluomini e Dame - Soldati - Trombettieri dal fondo -
poi Jago con Desdemona ed Emilia, dalla sinistra.

LODOVICO
(tenendo una pergamena)
Il Doge ed il Senato
Salutano l'eroe trionfatore

Fa' in modo che io abbia un veleno per questa
[notte.
VOCI
(più vicine)
Evviva! Evviva il Leone di San Marco!
JAGO
Il veleno no, è meglio soffocarla,
Là, nel suo letto, là, dove ha peccato.
OTELLO
Mi piace questa tua giustizia.
JAGO
A Cassio ci penserà
Jago.
OTELLO
Jago, fin da adesso
Ti nomino mio Capitano.
JAGO
Mio Condottiero,
Vi ringrazio.
(il clamore è sempre più vicino. Fanfare e grida.)
Ecco gli Ambasciatori.
Accoglieteli. Ma per evitare sospetti
Che Desdemona si mostri a quei Signori.
OTELLO
Sì, accompagnala qui.
(Jago esce dalla porta di sinistra: Otello s'avvia verso il fondo per ricevere gli Ambasciatori.)

231. Jago viene eletto capitano da Otello. Questo particolare è un'invenzione di Boito che non trova traccia nell'opera di Shakespeare. 238. Dopo una ripresa delle fanfare di scena da parte dell'orchestra, la musica procede su un movimento di quarti che accompagna il momento ufficiale dell'incontro tra Lodovico e Otello, il quale inizialmente mantiene un atteggiamento cortese e calmo.

SCENA SETTIMA

Otello. Lodovico, Roderigo, l'Araldo. -
Dignitari della Repubblica Veneta -
Gentiluomini e Dame - Soldati - Trombettieri dal fondo -
poi Jago con Desdemona ed Emilia, dalla sinistra.

LODOVICO
(tenendo una pergamena)
Il Doge ed il Senato
Salutano l'eroe trionfatore

93

240 Di Cipro. Io reco nelle vostre mani
Il messaggio dogale.

OTELLO
(prendendo il messaggio e baciando il suggello.)
Io bacio il segno
Della Sovrana Maestà.
(lo spiega e legge.)

LODOVICO
(avvicinandosi a Desdemona)
Madonna,
245 v'abbia il cielo in sua guardia.

DESDEMONA
E il ciel v'ascolti.

EMILIA
(a Desdemona, a parte.)
(Come sei mesta.

DESDEMONA
(ad Emilia, a parte.)
Emilia! una gran nube
Turba il senno d'Otello e il mio destino.)

JAGO
(andando da Lodovico)
250 Messer, son lieto di vedervi.
(Lodovico, Desdemona e Jago formano crocchio insieme.)

LODOVICO
Jago,
Quali nuove?... ma in mezzo a voi non
[trovo Cassio.

JAGO
Con lui crucciato è Otello.

DESDEMONA
255 Credo
Che in grazia tornerà.

OTELLO
(a Desdemona rapidamente e sempre in atto di leggere.)
Ne siete certa?

DESDEMONA
Che dite?

Di Cipro. Io consegno nelle vostre mani
Il messaggio dogale.

OTELLO

(prendendo il messaggio e baciando il sigillo.)
Io bacio il sigillo
Della Sovrana Maestà.

(lo apre e legge.)

LODOVICO

(avvicinandosi a Desdemona)
Signora,
Il cielo vi protegga.

DESDEMONA

E il cielo vi ascolti.

EMILIA

(a Desdemona, a parte.)
(Come sei triste.

DESDEMONA

(ad Emilia, a parte)
Emilia! una gran nube
Oscura la mente di Otello e il mio destino.)

JAGO

(andando da Lodovico)
Signore, son felice di vedervi.

(Lodovico, Desdemona e Jago formano insieme un gruppo.)

LODOVICO

Jago,
Quali novità?... ma in mezzo a voi non vedo
                                        [Cassio.

JAGO

Otello è in collera con lui.

DESDEMONA

Credo
Che tornerà in grazia.

OTELLO

(a Desdemona rapidamente e sempre in atto di leggere.)
Ne siete certa?

DESDEMONA

Che dite?

264. «*Loquaci*»: loquace è colui che parla con insistenza, un chiacchierone; segno di vitalità e a volte di impertinenza.

LODOVICO
Ei legge, non vi parla.

JAGO
260 Forse
Che in grazia tornerà.

DESDEMONA
Jago, lo spero;
Sai se un verace affetto io porti a Cassio...

OTELLO
(sempre in atto di leggere e febbrilmente a Desdemona sottovoce.)
Frenate dunque le labbra loquaci...

DESDEMONA
265 Perdonate, signor...

OTELLO
(avventandosi contro Desdemona)
Demonio taci!!

LODOVICO
(arrestando il gesto d'Otello)
Ferma!

TUTTI
Orrore!

LODOVICO
La mente mia non osa
270 Pensar ch'io vidi il vero.

OTELLO
(repentinamente all'Araldo e con accento imperioso.)
A me Cassio!
(l'Araldo esce.)

JAGO
(passando rapido accanto ad Otello, ed a bassa voce.)
(Che tenti?)

OTELLO (a Jago a bassa voce)
(Guardala mentr'ei giunge.)

LODOVICO
Ah! triste sposa
(a bassa voce avvicinandosi a Jago che si sarà un po' allontanato da Otello.)
275 Quest'è dunque l'eroe? quest'è il
                                    [guerriero

LODOVICO
Legge, non vi parla.
JAGO
Forse
Tornerà in grazia.
DESDEMONA
Jago, lo spero;
Sai che provo per Cassio un autentico affetto...
OTELLO
(sempre in atto di leggere e con fare convulso a
Desdemona sottovoce)
Smettetela di parlare...
DESDEMONA
Perdonate, signor...
OTELLO
(lanciandosi contro Desdemona)
Demonio taci!!
LODOVICO
(fermando il gesto d'Otello)
Fermo!
TUTTI
Orrore!
LODOVICO
La mente mia non ha il coraggio
Di credere vero ciò che ho visto.
OTELLO
(improvvisamente all'Araldo e con tono imperioso)
Accompagnate qui Cassio!
(l'Araldo esce)
JAGO
(passando rapido accanto ad Otello, e a bassa voce.)
(Che vuoi fare?)
OTELLO (a Jago a bassa voce)
(Guardala mentre lui arriva.)
LODOVICO
Ah! triste sposa
(a bassa voce avvicinandosi a Jago che si sarà un
po' allontanato da Otello.)
Questo è dunque l'eroe? questo è il guerriero

260. Nel dramma di Shakespeare vi sono due importanti dialoghi tra Desdemona e Jago. Nell'opera verdiana, invece, i due si scambiano solo queste brevi battute; unico momento di contatto tra l'innocenza e la malvagità di cui i due personaggi sono simbolo.

97

Dai sublimi ardimenti?

JAGO

(a Lodovico alzando le spalle)

È quel ch'egli è.

LODOVICO

Palesa il tuo pensiero.

JAGO

Meglio è tener su ciò la lingua muta.

SCENA OTTAVA

Cassio seguito dall'Araldo, e detti.

OTELLO

(che avrà sempre fissato la porta)

280 (Eccolo! È lui!

(avvicinandosi a Jago mentre Cassio è sulla soglia)

Nell'animo lo scruta.)

OTELLO

(ad alta voce a tutti)

Messeri! Il Doge...

(ruvidamente ma sottovoce a Desdemona)

- (ben tu fingi il pianto)

(a tutti ad alta voce)

Mi richiama a Venezia.

RODERIGO

285 (Infida sorte!)

OTELLO

(continuando ad alta voce e dominandosi)

E in Cipro elegge

Mio successor colui che stava accanto

Al mio vessillo, Cassio.

JAGO (fieramente e sorpreso)

(Inferno e morte!)

OTELLO

(continuando come sopra e mostrando la pergamena.)

290 La parola Ducale è nostra legge.

CASSIO (inchinandosi ad Otello)

Obbedirò.

Dai nobili atti di coraggio?
JAGO
(a Lodovico alzando le spalle)
È quel che è.
LODOVICO
Dimmi quel che pensi.
JAGO
È meglio non dire nulla.

SCENA OTTAVA

Cassio seguito dall'Araldo, e detti.

OTELLO
(che avrà sempre tenuto lo sguardo fisso verso la porta)
(Eccolo! È lui!
(avvicinandosi a Jago mentre Cassio è sulla porta)
Osservalo in fondo all'animo.)
OTELLO
(ad alta voce a tutti)
Signori! Il Doge...
(con fare brusco ma sottovoce a Desdemona)
- *(fingi bene di piangere)*
(a tutti ad alta voce)
Mi richiama a Venezia.
RODERIGO
(Perfida sorte!)
OTELLO
(continuando ad alta voce e dominandosi)
Ed elegge a Cipro
come mio successore colui che stava vicino
Alla mia bandiera, Cassio.
JAGO (fieramente e sorpreso)
(Inferno e morte!)
OTELLO
(continuando come sopra e mostrando la pergamena) *La parola del Doge è nostra legge.*
CASSIO (inchinandosi ad Otello)
Obbedirò.

280. L'entrata di Cassio è sottolineata dal crescere dell'orchestra che prepara la lettura pubblica da parte di Otello del messaggio con cui il senato lo richiama a Venezia. La lettura è inframmezzata da infuocati *a parte* rivolti contro Desdemona.

99

295. «*Ciurma*»: basso equipaggio di una nave; i rematori di una galea.

304. «*Giacio*»: giaccio, rimango a terra, senza la forza di risollevarmi o riprendermi.

OTELLO
(rapidamente a Jago in segreto ed indicando Cassio.)
(Vedi? non par che esulti
L'infame?
JAGO
No.)
OTELLO
(ad alta voce a tutti)
295 La ciurma e la coorte
(a Desdemona sottovoce e rapidissimo)
(Continua i tuoi singulti…)
(ad alta voce a tutti, senza più guardar Cassio.)
E le navi e il castello
Lascio in poter del nuovo Duce.
LODOVICO
(a Otello, additando Desdemona che s'avvicina supplichevolmente.)
Otello,
300 Per pietà la conforta o il cor le infrangi.
OTELLO
(a Lodovico e Desdemona)
Noi salperem domani.
(afferra Desdemona, furiosamente.)
A terra!… e piangi!…
(Desdemona cade. Emilia e Lodovico la raccolgono e la sollevano pietosamente.)
DESDEMONA
A terra!… Sì… nel livido
Fango… percossa… io giacio…
305 Piango… m'agghiaccia il brivido
Dell'anima che muor.
E un dì sul mio sorriso
Fioria la speme e il bacio
Ed or… l'angoscia in viso
310 E l'agonia nel cor.
Quel Sol sereno e vivido
Che allieta il cielo e il mare
Non può asciugar le amare
Stille del mio dolor.

OTELLO

(rapidamente a Jago in segreto ed indicando Cassio)

(Vedi? non sembra esultare
Il traditore?

JAGO

No.)

OTELLO

(ad alta voce a tutti)

I marinai ed i soldati

(a Desdemona sottovoce e rapidissimo)

(Continua i tuoi singhiozzi...)

(ad alta voce a tutti, senza più guardare Cassio)

Le navi ed il castello
Lascio in potere del nuovo Capitano.

LODOVICO

(a Otello, indicando Desdemona che s'avvicina supplichevolmente)

Otello,
Per pietà consolala o le spezzi il cuore.

OTELLO

(a Lodovico e Desdemona)

Noi prenderemo il mare domani.

(afferra Desdemona, furiosamente.)

A terra!... e piangi!...

(Desdemona cade. Emilia e Lodovico la raccolgono e la sollevano pietosamente.)

DESDEMONA

A terra!... Sì... io resto per terra...
Nel grigio fango... picchiata...
Piango... mi gela il brivido
Dell'anima che muore.
E un giorno sul mio sorriso
Fioriva la speranza e il bacio
Ed ora... il dolore nel viso
E l'agonia nel cuore.
Quel Sole sereno e splendente
Che rallegra il cielo e il mare
Non può asciugare le amare
Lacrime del mio dolore.

302. Otello getta a terra Desdemona. L'orchestra si scatena in una intensa serie di semicrome, mentre tutti restano impietriti dall'orrore. 303. Inizia un lungo *a solo* di Desdemona che avvia l'atto verso uno dei finali più complessi di tutta la letteratura verdiana.

319. «*Frange*»: lett. ridurre in pezzi, rompersi contro un ostacolo. In questo caso indica il tentativo di Desdemona di trattenere e sconfiggere il pianto non accompagnando alle lacrime che le sgorgano sospiri e lamenti.

EMILIA

315 (Quella innocente un fremito
D'odio non ha né un gesto,
Trattiene in petto il gemito
Con doloroso fren.
La lagrima si frange
320 Muta sul volto mesto:
No, chi per lci non piange non ha pietade
[in sen.)

RODERIGO

(Per me s'oscura il mondo,
S'annuvola il destin;
L'angiol soave e biondo
325 Scompar dal mio cammin.

CASSIO

(L'ora è fatal! un fulmine
Sul mio cammin l'addita.
Già di mia sorte il culmine
S'offre all'inerte man.
330 L'ebbra fortuna incalza
La fuga della vita.
Questa che al ciel m'innalza
È un'onda d'uragan.)

LODOVICO

(Egli la man funerea
335 Scuote anelando l'ira,
Essa la faccia eterea
Volge piangendo al ciel.
Nel contemplar quel pianto
La carità sospira,
340 E un tenero compianto
Stempra del core il gel.)

IL CORO (a gruppi dialogando)

DAME

Pietà!

CAVALIERI

Mistero!

DAME

Ansia mortale, bieca,
345 Ne ingombra, anime assorte in lungo orror.

102

EMILIA

(Quell'innocente non ha
né un fremito né un gesto d'odio,
Trattiene dentro di sé la sofferenza
Frenandosi dolorosamente.
La lacrima si spegne
Silenziosa sul volto triste:
No, chi non piange per lei non ha pietà nel
                                              [cuore.)

RODERIGO

(Per me scompare la luce del mondo,
Buie ombre scendono sul mio destino;
Il mio dolce e biondo angelo protettore
Scompare dalla mia strada.

CASSIO

(L'ora è fatale! un fulmine
Sul mio cammino lo indica.
Ecco il momento più importante del mio destino
Che si offre alle mie mani che non possono agire.
La cieca fortuna insegue
La fuga della vita.
Questa che mi innalza verso il cielo
È l'onda di una tempesta.)

LODOVICO

(Lui agita la scura mano
Sfogando la sua rabbia,
Lei rivolge al cielo piangendo
Il volto puro
Nel contemplare quel pianto
La carità sospira,
E un tenero sentimento di pena
Scioglie il gelo del cuore.)

IL CORO (a gruppi dialogando)

DAME

Pietà!

CAVALIERI

Incomprensibile!

DAME

Un'ansia mortale, malvagia,
Invade le anime sprofondate a lungo nell'orrore.

315. Il commento di Emilia, Cassio, Roderigo e Lodovico, anch'essi spettatori assieme al coro della tragica condizione di Desdemona, si sviluppa in un fraseggio a quattro parti senza accompagnamento.

363. «*Ergi*»: lett. er-
gere significa levare
in alto, innalzare.
364. «*Trame*»: atti-
vità nascoste spes-
so con dei fini poco
chiari.
365. «*Averno*»: l'ol-
tretomba, l'inferno.
366. «*Svelle*»: svelle-
re; lett. estrarre dal
suolo con forza o
violenza. Fig. allonta-
nare per sempre.

CAVALIERI
Quell'uomo nero è sepolcrale, e cieca
Un'ombra è in lui di morte e di terror.
DAME
Vista crudel!
CAVALIERI
Strazia coll'ugna l'orrido
350 Petto! Figge gli sguardi immoti al suol.
Poi sfida il ciel coll'atre pugna, l'ispido
Aspetto ergendo ai dardi alti del Sol.
DAME
Ei la colpì! quel viso santo, pallido
Blando, si china e tace e piange e muor.
355 Piangon così nel ciel lor pianto gli angeli
Quando perduto giace il peccator.
JAGO (avvicinandosi a Otello che resterà accasciato
su d'un sedile.)
(Una parola.
OTELLO
E che?
JAGO
T'affretta! Rapido
360 Slancia la tua vendetta! Il tempo vola.
OTELLO
Ben parli.
JAGO
È l'ira inutil ciancia. Scuotiti!
All'opra ergi la tua mira! All'opra sola!
Io penso a Cassio. Ei le sue trame espia.
365 L'infame anima ria l'averno inghiotte!
OTELLO
Chi gliela svelle?
JAGO
Io.
OTELLO
Tu?
JAGO
Giurai.
OTELLO
370 Tal sia.

104

CAVALIERI
Quell'uomo nero ha un aspetto funereo, ed in lui
Vi è un'ombra cieca di morte e di terrore.
DAME
Visione terribile!
CAVALIERI
Strazia con le unghie l'ispido
Petto! Fissa lo sguardo immobile a terra.
Poi sfida il cielo con il pugno scuro, levandosi
Nel suo rozzo aspetto contro i nobili raggi del sole.
DAME
L'ha colpita! quel viso santo, pallido
Buono, si piega e tace, piange e muore.
Così piangono nel loro cielo gli angeli
Quando il peccatore giace perduto.
JAGO (avvicinandosi a Otello che resterà seduto abbandonato su di una sedia.)
(Una parola.
OTELLO
Che c'è?
JAGO
Sbrigati! Lanciati
Rapidamente verso la tua vendetta! Il tempo vola.
OTELLO
Hai ragione.
JAGO
La collera è un'inutile chiacchiera. Muoviti!
Impegnati nell'azione! Nell'azione solamente!
Io penso a Cassio. Pagherà i suoi intrighi.
Che l'inferno inghiotta l'infame anima malvagia!
OTELLO
Chi gliela strapperà?
JAGO
Io.
OTELLO
Tu?
JAGO
Ho giurato.
OTELLO
Così sia.

357. Jago per un momento è rimasto interdetto. Colto di sorpresa dal messaggio del senato veneziano deve rivedere i suoi piani. La musica torna alla piena orchestrazione e si presenta con un nuovo motivo dal timbro cupo che segnala la sua nuova entrata in azione. Egli incita Otello ad uccidere la moglie il più presto possibile, mentre sarà egli stesso ad occuparsi di Cassio.

377. «*Cimenti*»: imprese, lotte, battaglie, sfide.

379. «*Salpa*»: leva le ancore, scioglie gli ormeggi, prende il largo.

387. «*Scolta*»: scorta, sentinella, guardia.

394. «*Il dado è tratto!*»: dal latino *Alea iacta est!*, frase che Cesare avrebbe pronunciato attraversando il fiume Rubicone dirigendosi su Roma a capo dell'esercito e violando la legge. Oggi è rimasta nel lessico italiano come modo di dire per indicare che il gioco è fatto, non si può più tornare indietro.

JAGO
Tu avrai le sue novelle in questa notte…)
(abbandona Otello e si dirige verso Roderigo.)
JAGO
(ironicamente a Roderigo)
(I sogni tuoi saranno in mar domani
E tu sull'aspra terra!
RODERIGO
Ahi triste!
JAGO
375 Ahi stolto!
Stolto! Se vuoi tu puoi sperar; gli umani,
Orsù! cimenti afferra, e m'odi.
RODERIGO
Ascolto.
JAGO
Col primo albor salpa il vascello. Or
             [Cassio
380 È il Duce. Eppur se avvien che a questi
             [accada
(toccando la spada)
Sventura… allor qui resta Otello.
RODERIGO
Lugubre
Luce d'atro balen!
JAGO
Mano alla spada!
385 A notte folta io la sua traccia vigilo,
E il varco e l'ora scruto, il resto a te.
Sarò tua scolta. A caccia! a caccia! Cingiti
L'arco!
RODERIGO
Sì! T'ho venduto onore e fé.)
JAGO
390 (Corri al miraggio! il fragile tuo senno
Ha già confuso un sogno menzogner.
Segui l'astuto ed agile mio cenno,
Amante illuso, io seguo il mio pensier.)
RODERIGO
(Il dado è tratto! Impavido t'attendo

JAGO

Avrai notizie di lui questa notte...)
(abbandona Otello e si dirige verso Roderigo.)

JAGO

(ironicamente a Roderigo)
(I tuoi sogni saranno in mare domani
E tu sulla dura terra!

RODERIGO

Ahi che tristezza!

JAGO

Ahi sciocco!
Sciocco! Se vuoi tu puoi sperare; su!,
Affronta le sfide umane, e ascoltami.

RODERIGO

Ascolto.

JAGO

Alle prime luci dell'alba la nave prenderà il mare.
[*Ora Cassio*
È il Capitano. Eppure se succede che a questi
[*capiti*
(toccando la spada)
Una sventura... allora Otello resta qui.

RODERIGO

Luce di morte
Di un lampo oscuro!

JAGO

Mano alla spada!
A notte fonda lo seguo,
E osservo il luogo e l'ora, il resto a te.
Sarò la tua sentinella. A caccia! a caccia! Armati
Del tuo arco!

RODERIGO

Sì! Ti ho venduto l'onore e la fede.)

JAGO

(Corri verso il sogno! la tua debole mente
Ha già preso per vero un sogno illusorio.
Segui il mio cenno furbo e agile,
Amante illuso, io seguo il mio pensiero.)

RODERIGO

(Il dado è tratto! Ti aspetto con coraggio

372. Il piano è chiaro: Jago ha in mente di servirsi di Roderigo per eliminare Cassio.

403. «*Rubello*»: variante arcaica di ribelle.

395 Ultima sorte, occulto mio destin.
Mi sprona amor, ma un avido tremendo
Astro di morte infesta il mio cammin.)

OTELLO
(ergendosi e rivolto alla folla, terribilmente.)
Fuggite!

TUTTI
Ciel!

OTELLO (slanciandosi contro la folla)
400 Tutti fuggite Otello!
(fanfara intera)

JAGO (agli astanti)
Lo assale una malia
Che d'ogni senso il priva.

OTELLO (con forza)
Chi non si scosta è contro me rubello.

LODOVICO
(fa per trascinare lontano Desdemona.)
Mi segui...

VOCI (dal di fuori)
405 Evviva!

DESDEMONA
(sciogliendosi da Lodovico e accorrendo verso
Otello.)
Mio sposo!

OTELLO (a Desdemona)
Anima mia
Ti maledico!

TUTTI (escono inorriditi)
Orror!...
(Desdemona, fra Emilia e Lodovico, esce.)

SCENA NONA

Otello e Jago soli.

OTELLO (sempre più affannoso)
410 Fuggirmi io sol non so!... Sangue! Ah!
[l'abbietto

Sorte estrema, destino sconociuto.
Mi spinge l'amore, ma una stella di morte
Avida e terribile attraversa il mio cammino.)
OTELLO
(alzandosi e rivolto alla folla, con aspetto terribile.)
Fuggite!
TUTTI
Cielo!
OTELLO (slanciandosi contro la folla)
Fuggite tutti da Otello!
(fanfara intera)
JAGO (agli astanti)
È vittima di un maleficio
Che lo priva di qualsiasi capacità di intendere.
OTELLO (con forza)
Chi non si allontana è un traditore.
LODOVICO
(fa per trascinare lontano Desdemona)
Seguimi...
VOCI (dal di fuori)
Evviva!
DESDEMONA
(liberandosi da Lodovico e correndo verso Otello.)
Mio sposo!

OTELLO (a Desdemona)
Anima mia
Ti maledico!
TUTTI (escono inorriditi)
Orrore!...
(Desdemona, fra Emilia e Lodovico, esce)

SCENA NONA

Otello e Jago soli.

OTELLO (sempre più affannoso)
Solo io non posso fuggire da me stesso!...Sangue!
[Ah! l'ignobile

407. Cornette, trombe, flauto e ottavino orchestrano la terribile frase di Otello *«Amore mio ti maledico»*, tragica risposta al *«mio sposo!»* di Desdemona, che fa uscire inorriditi tutti gli astanti dalla scena tranne Jago, che allo svenire di Otello, sulla nota tenuta dai tromboni e dai fagotti, constata il successo del suo malvagio disegno. (*«il mio velen lavora»*)

109

Pensiero!... Ciò m'accora!
(convulsivamente, delirando)
Vederli insieme avvinti... il fazzoletto!...
Ah!...
(sviene)
JAGO
415 (Il mio velen lavora)
FANFARE E VOCI
(dal di fuori)
Viva Otello!
JAGO
(ascoltando le grida, poi osservando Otello disteso
a terra tramortito.)
L'eco della vittoria
Porge sua laude estrema.
(dopo una pausa)
Chi può vietar che questa fronte io prema
420 Col mio tallone?
FANFARE E VOCI
(esterne più vicine)
Evviva Otello! Gloria
Al Leon di Venezia!
JAGO
(ritto e con gesto d'orrendo trionfo, indicando il cor-
po inerte d'Otello.)
Ecco il Leone!...

Pensiero!... Questo mi tormenta!
(in modo convulso, delirando)
Vederli insieme abbracciati... il fazzoletto!...
Ah!...
(sviene)
JAGO
(Il mio veleno fa il suo effetto)
FANFARE E VOCI
(dal di fuori)
Viva Otello!
JAGO
(ascoltando le grida, poi osservando Otello disteso a terra senza sensi.)
L'eco della vittoria
Gli offre il suo ultimo momento di gloria.
(dopo una pausa)
Chi può impedire che io schiacci questa fronte
Col mio tallone?
FANFARE E VOCI
(esterne più vicine)
Evviva Otello! Gloria
Al Leone di Venezia!
JAGO
(ritto e con gesto d'orrendo trionfo, indicando il corpo immobile di Otello.)
Ecco il Leone!...

ATTO QUARTO

LA CAMERA DI DESDEMONA

Letto, inginocchiatoio, tavolo, specchio, sedie. Una lampada arde appesa davanti all'immagine della Madonna che sta al di sopra dell'inginocchiatoio. Porta a destra. È notte. Un lume acceso sul tavolo

SCENA PRIMA

Desdemona. Emilia

EMILIA
Era più calmo?
DESDEMONA
Mi parea. M'ingiunse
Di coricarmi e d'attenderlo. Emilia,
Te ne prego, distendi sul mio letto
5   La mia candida veste nuziale.
Senti. Se pria di te morir dovessi
Mi seppellisci con un di quei veli.
EMILIA
Scacciate queste idee.
DESDEMONA
(sedendo macchinalmente davanti allo specchio.)
Son mesta tanto.
10   Mia madre aveva una povera ancella
Innamorata e bella;
era il suo nome
Barbara. Amava
Un uom che poi l'abbandonò, cantava
15   Una canzone: *la canzon del Salice*.
(a Emilia)
- Mi disciogli le chiome -
Io questa sera ho la memoria piena

LA CAMERA DI DESDEMONA

Letto, inginocchiatoio, tavolo, specchio, sedie.
Una lampada arde appesa davanti all'immagine della
Madonna che sta al di sopra dell'inginocchiatoio.
Porta a destra. È notte. Un lume acceso sul tavolo

SCENA PRIMA

Desdemona. Emilia

EMILIA
Era più calmo?
DESDEMONA
Mi è sembrato. Mi ha ordinato
Di andare a letto e di aspettarlo. Emilia,
Ti prego, distendi sul mio letto
La mia candida veste nuziale.
Ascoltami. Se dovessi morire prima di te
Seppelliscimi con uno di quei veli.
EMILIA
Allontanate questi pensieri.
DESDEMONA
(sedendo meccanicamente davanti allo specchio.)
Sono molto triste.
Mia madre aveva una povera serva
Innamorata e bella;
Si chiamava Barbara.
Amava
Un uomo che poi l'abbandonò, cantava
Una canzone: la canzone del Salice.
(a Emilia)
- Scioglimi i capelli -
Questa sera mi torna continuamente in mente

Il preludio è caratte-
rizzato dal timbro tri-
ste e malinconico
del corno inglese.
La scena si apre
sulla camera di
Desdemona. Il
dramma infatti si
ambienta progressi-
vamente in luoghi
sempre più chiusi: il
porto di Cipro nel
primo atto, la terraz-
za del giardino nel
secondo, il salone
nel terzo e la came-
ra da letto nel IV, a
simboleggiare il pro-
gressivo avvicinarsi
della tragedia finale.

113

18. «*Cantilena*»: melodia dal ritmo lento e monotono.
20. «*Erma*»: solitaria, deserta, abbandonata. «*Landa*»: terreno incolto con pochissima vegetazione.
27. «*Ghirlanda*»: corona ornamentale di foglie e fiori intrecciati. Morire con la ghirlanda in passato si riferiva ad una donna ancora vergine.
29. «*Zolle*»: lett. la zolla è un pezzo di terra che si stacca dal terreno quando si lavora. Estens. terreno erboso, prato.

Di quella cantilena:

_____

"*Piangea cantando*
20   *Nell'erma landa,*
Piangea la mesta
O Salce! Salce! Salce!
Sedea chinando
Sul sen la testa!
25   *O Salce! Salce! Salce!*
Cantiamo! Il Salce funebre
Sarà la mia ghirlanda."

_____

- Affrettati; fra poco giunge Otello.-

_____

"*Scorreano i rivi fra le zolle in fior,*
30   *Gemea quel core affranto,*
E dalle ciglia le sgorgava il cor
L'amara onda del pianto.
O Salce! Salce! Salce!
Cantiam la nenia blanda.
35   *Cantiamo! Il Salce funebre*
Sarà la mia ghirlanda."

_____

"*Scendean gli augelli a vol dai rami cupi*
Verso quel dolce canto.
E gli occhi suoi piangevan tanto, tanto,
40   *Da impietosir le rupi.*"

(a Emilia levandosi un anello dal dito.)
  - Riponi questo anello.-
Povera Barbara! - Solea la storia
Con questo semplice - suono finir:

"*Egli era nato - per la sua gloria,*
45   *Io per amarlo …*"
(interrompendo)

114

Quella cantilena:

_____

"Piangeva cantando
Nella vasta pianura solitaria
Piangeva l'infelice
O Salice! Salice! Salice!
Sedeva chinando
Il capo sul petto!
O Salice! Salice! Salice!
Cantiamo! Il Salice funebre
Sarà la mia ghirlanda."

_____

- Sbrigati; fra poco arriva Otello.-

_____

"Scorrevano i fiumi fra i prati in fiore,
Soffriva quel cuore distrutto dal dolore,
E attraverso gli occhi l'amara onda del pianto
Le sgorgava dal cuore.
O Salice! Salice! Salice!
Cantiamo la dolce nenia.
Cantiamo! Il Salice funebre
Sarà la mia ghirlanda."

_____

"Gli uccelli scendevano volando dai rami scuri
Verso quel dolce canto.
E gli occhi suoi piangevano tanto, tanto,
Da commuovere le pietre."

(a Emilia levandosi un anello dal dito.)
- Metti al suo posto questo anello.-
*Povera Barbara! aveva l'abitudine di terminare
La storia con questi semplici versi.*

"Egli era nato - per la sua gloria,
Io per amarlo..."
(interrompendo)

19. Dopo un breve recitativo, Desdemona intona la «canzone del salice», la canzone di Barbara. Man mano che Desdemona si immedesima nella triste vicenda dell'ancella abbandonata dal suo amore, la musica si sviluppa in un insieme di motivi che riprendono la melodia principale. La semplicità del tema e le sue ripetizioni descrivono tutta la sua angoscia e il suo dolore.

- Ascolta. Odo un lamento.
(Emilia fa qualche passo.)
Taci. Chi batte a quella porta?...
EMILIA
È il vento.
DESDEMONA
"Io per amarlo e per morir."

_____

50   - Emilia, addio. Come m'ardon le ciglia!
È presagio di pianto.
(abbraccia Emilia che esce.)
Buonanotte.

SCENA SECONDA

DESDEMONA (sola)
(va all'inginocchiatoio.)
Ave Maria piena di grazia, eletta
Fra le spose e le vergini sei tu,
55   Sia benedetto il frutto, o benedetta,
Di tue materne viscere, Gesù.
Prega per chi adorando a te si prostra,
Prega pel peccator, per l'innocente
E pel debole oppresso e pel possente,
60   Misero anch'esso, tua pietà dimostra.
Prega per chi sotto l'oltraggio piega
La fronte e sotto la malvagia sorte;
Per noi tu prega
Sempre e nell'ora della nostra morte.
(resta ancora inginocchiata ed appoggia la fronte
sull'inginocchiatoio come chi ripeta mentalmente
un'orazione. Non s'odono che le prime e le ultime
parole della preghiera.)
65   Ave Maria...   ...   .
...   . nell'ora della morte.
Amen.
(s'alza e va a coricarsi.)

- Ascolta. Sento un lamento.
(Emilia fa qualche passo.)
Taci. Chi bussa a quella porta?...
EMILIA
È il vento.
DESDEMONA
"Io per amarlo e per morire."

————————

Emilia, addio. Come mi bruciano gli occhi!
È presagio di pianto.
(abbraccia Emilia che esce.)
Buonanotte.

SCENA SECONDA

DESDEMONA (sola)
(va all'inginocchiatoio.)
Ave Maria piena di grazia, tu sei eletta
Fra le spose e le vergini,
Sia benedetto il frutto, o benedetta,
Del tuo seno, Gesù.

Prega per chi s'inginocchia davanti a te in adorazione,
Prega per il peccatore, per l'innocente,
Per il debole oppresso e per il potente,
Anche lui misero, mostra la tua pietà.

Prega per chi piega il capo di fronte all'offesa
E al destino malvagio;
Prega per noi
Sempre e nell'ora della nostra morte.
(resta ancora inginocchiata ed appoggia la fronte sull'inginocchiatoio come chi ripeta mentalmente un'orazione. Non si sentono che le prime e le ultime parole della preghiera.)
Ave Maria... ... ...
... ... nell'ora della morte.
Amen.
(si alza e va a letto.)

53. Dopo l'uscita di Emilia, un basso cromatico conduce al La bemolle maggiore e all' «Ave Maria», che nel piano dell'opera prepara l'entrata di Otello. Egli infatti non sarebbe potuto entrare in scena subito dopo la canzone del salice. Shakespeare interpone tra le due scene l'episodio del ferimento di Cassio e dell'uccisione di Roderigo. Il sopraggiungere di Otello dopo l' «Ave Maria» acquista tutta la sua drammaticità nel contrasto tra la serenità spirituale di Desdemona, raffigurata dalla purezza della melodia che si conclude in pianissimo e dalla dolcezza degli archi tenuti, e l'ottusa e tragica risolutezza di Otello.

Tra la seconda e la terza scena l'oscurità quasi completa non lascia scorgere Otello e Desdemona. I violini sfumano nel registro acuto,

«*Scimitarra*»: tipo di spada usata dai popoli orientali.
«*Face*»: fiaccola.

SCENA TERZA

Desdemona. Otello.

(Otello entra da una porta segreta,
depone una scimitarra sul tavolo,
s'arresta davanti alla face,
titubante se spegnerla o no.
Guarda Desdemona, spegne la face.
La scena resta rischiarata dal solo
lume dell'inginocchiatoio.
Otello, spinto da un impeto di furore,
s'avvicina al letto; ma là s'arresta.
Contempla lungamente Desdemona che dorme.
La bacia tre volte.
All'ultimo bacio Desdemona si desta.)

DESDEMONA
... Chi è là?
Otello?
OTELLO
70   Sì. Diceste questa sera
Le vostre preci?
DESDEMONA
Orai.
OTELLO
Se vi sovviene
Di qualche colpa commessa che attenda
75   Grazia dal ciel, imploratela tosto.
DESDEMONA
Perché?
OTELLO
T'affretta. Uccidere non voglio
L'anima tua.
DESDEMONA
D'uccider parli?
OTELLO
80   Sì.
DESDEMONA
Pietà di me, mio Dio.

SCENA TERZA

Desdemona. Otello.

(Otello entra da una porta segreta,
depone una scimitarra sul tavolo,
si ferma davanti alla fiaccola,
incerto se spegnerla o no.
Guarda Desdemona, spegne la fiaccola.
La scena resta illuminata dal solo
lume dell'inginocchiatoio.
Otello, spinto da un impeto di collera,
s'avvicina al letto; ma là si ferma.
Contempla lungamente Desdemona che dorme.
La bacia tre volte.
All'ultimo bacio Desdemona si sveglia.)

DESDEMONA
... *Chi è là?*
Otello?
OTELLO
Sì. Avete detto questa sera
Le vostre preghiere?
DESDEMONA
Ho pregato.
OTELLO
Se vi ricordate
Di qualche colpa commessa che attenda
Grazia dal cielo, imploratela rapidamente.
DESDEMONA
Perché?
OTELLO
Sbrigati. non voglio uccidere
La tua anima.
DESDEMONA
Parli di uccidere?
OTELLO
Sì.
DESDEMONA
Pietà di me, mio Dio.

ma, dopo una pausa, il movimento dei contrabbassi, più di cinque ottave sotto, cambiando registro, sottolineano l'incombere della tragedia. Dalla mesta dolcezza di Desdemona si passa così alla tragica follia di Otello.
67. Desdemona si corica dopo la preghiera, ma sullo spegnersi dell'ultima nota irrompono i contrabbassi che annunciano la presenza di Otello. L'effetto è notevolissimo. Quando Verdi compose Otello si usavano ancora contrabbassi a tre corde. Per evitare note all'ottava superiore, il Maestro specificò che questo passaggio doveva essere eseguito con contrabbassi con la corda aggiuntiva.

Scena III: Otello bacia tre volte Desdemona addormentata sulla stessa melodia sulla

98. «*Spergiuro*»: fal-
so giuramento.

OTELLO
Amen.

DESDEMONA
E abbiate
Pietà voi pure.

OTELLO
85   Pensa ai tuoi peccati.

DESDEMONA
Mio peccato è l'amor.

OTELLO
Perciò tu muori.

DESDEMONA
E perché t'amo m'uccidi?...

OTELLO
Ami Cassio.

DESDEMONA
90   No! Sull'anima mia!!

OTELLO
Quel fazzoletto
Ch'io ti donai gli desti.

DESDEMONA
Non è vero!

OTELLO
Nella sua man lo vidi.

DESDEMONA
95   Io rea non sono!

OTELLO
Confessa!

DESDEMONA
Giuro!

OTELLO
Bada allo spergiuro...
Pensa che sei sul tuo letto di morte.

DESDEMONA
100   Non per morir.

OTELLO
Per morir tosto.

DESDEMONA
Aita!
Cassio non amo... ch'ei qui venga... ei parli.

OTELLO
Amen.
DESDEMONA
E abbiate
Pietà anche voi.
OTELLO
Pensa ai tuoi peccati.
DESDEMONA
Il mio peccato è l'amore.
OTELLO
Perciò tu muori.
DESDEMONA
E perché ti amo mi uccidi?...
OTELLO
Ami Cassio.
DESDEMONA
No! Giuro sull'anima mia!!
OTELLO
Gli hai dato quel fazzoletto
Che io ti ho regalato.
DESDEMONA
Non è vero!
OTELLO
L'ho visto nelle sue mani.
DESDEMONA
Io non sono colpevole!
OTELLO
Confessa!
DESDEMONA
Giuro!
OTELLO
Bada a non giurare il falso...
Pensa che sei sul tuo letto di morte.
DESDEMONA
Non per morire.
OTELLO
Per morire presto.
DESDEMONA
Aiuto!
Non amo Cassio... che venga qui... che parli.

quale nell'atto I, nel duetto d'amore, aveva cantato «*Un bacio...ancora un bacio.*»

121

OTELLO
Muto è per sempre.

DESDEMONA
105 Cielo! Morto?

OTELLO
Morto.

DESDEMONA
Son perduta!...ei tradito!...

OTELLO
E pianger l'osi?

DESDEMONA
Otello... non uccidermi...

OTELLO
110 Tu invano
Ti difendi.

DESDEMONA
Ch'io viva ancor...

OTELLO
Giù! Cadi,
Prostituta!...

DESDEMONA
115 Pietà!

OTELLO
Muori!!

DESDEMONA
Ch'io viva
Questa notte...

OTELLO
No.

DESDEMONA
120 Un'ora...

OTELLO
No.

DESDEMONA
Un istante.

OTELLO
No.

DESDEMONA
Sol ch'io dica un ave.

OTELLO
È muto per sempre.
DESDEMONA
Cielo! Morto?
OTELLO
Morto.
DESDEMONA
Son perduta!... È stato tradito!...
OTELLO
E osi piangerlo?
DESDEMONA
Otello... non uccidermi...
OTELLO
Tu ti difendi
Inutilmente.
DESDEMONA
Ch'io viva ancor...
OTELLO
Giù! Cadi,
Prostituta!...
DESDEMONA
Pietà!
OTELLO
Muori!!
DESDEMONA
Ch'io viva
Questa notte...
OTELLO
No.
DESDEMONA
Un'ora...
OTELLO
No.
DESDEMONA
Un istante.
OTELLO
No.
DESDEMONA
Il tempo di dire una preghiera.

OTELLO
125 È tardi! È tardi!...
(la soffoca. Un grido di Desdemona.)
(s'ode bussare alla porta.)
OTELLO
(contemplando il corpo inerte di Desdemona.)
Calma come la tomba.
EMILIA (dal di fuori)
Aprite! Aprite!
OTELLO (trabalzando)
Chi è là! - Chi batte!
EMILIA (come sopra)
Signor mio... v'en prego,
130 Lasciate ch'io vi parli... Aprite!
OTELLO (aprendo)
Emilia,
Che avvenne?
EMILIA (entrando)
Un gran delitto! Cassio uccise
Roderigo.
OTELLO
135 E Cassio?
EMILIA
Vive.
OTELLO
Cassio vive!!
DESDEMONA (dal letto)
Ingiustamente... uccisa ingiustamente...
EMILIA (accorrendo al letto)
Chi geme là?...Orror!
DESDEMONA
140 Muoio innocente...
EMILIA
Gran Dio!...Chi fu?
DESDEMONA
Nessuno... io stessa... al mio
Signor mi raccomanda... Emilia... Addio...
(muore)
OTELLO
O mentitrice! Io l'uccisi.

OTELLO
È tardi! È tardi!...
(la soffoca. Un grido di Desdemona.)
(si sente bussare alla porta.)
OTELLO
(contemplando il corpo immobile di Desdemona.)
Calma come una tomba.
EMILIA (dal di fuori)
Aprite! Aprite!
OTELLO (sobbalzando)
Chi è là! - Chi bussa!
EMILIA (come sopra)
Mio Signore... ve ne prego,
Lasciate ch'io vi parli... Aprite!
OTELLO (aprendo)
Emilia,
Che è successo?
EMILIA (entrando)
Un terribile delitto! Cassio uccise
Roderigo.
OTELLO
E Cassio?
EMILIA
È vivo.
OTELLO
Cassio vive!!
DESDEMONA (dal letto)
Ingiustamente... uccisa ingiustamente...
EMILIA (accorrendo al letto)
Chi si lamenta là?... Orrore!
DESDEMONA
Muoio innocente...
EMILIA
Gran Dio!... Chi è stato?
DESDEMONA
Nessuno... io stessa... raccomandami
Al mio Signore ... Emilia... Addio...
(muore)
OTELLO
O mentitrice! Io l'ho uccisa.

125. Nel momento culminante dell'omicidio l'orchestra cresce rapidamente nelle terzine che accompagnano il grido disperato di Desdemona.
133. Nel libretto di Boito Cassio uccide Roderigo, mentre nella tragedia di Shakespeare è lo stesso Jago a ferire il primo ed ad uccidere il secondo.

EMILIA
145 Assassino!
OTELLO
Fu di Cassio la druda. A Jago il chiedi.
EMILIA
A Jago?!
OTELLO
A Jago.
EMILIA
Stolto!! E tu il credesti?...
OTELLO
150 Negarlo ardisci?!
(fa per avvicinarsi contro Emilia.)
EMILIA
Non ti temo.
OTELLO
(la afferra)
Bada!
EMILIA
(si svincola e corre verso la porta gridando dispera-
tamente.)
Olà! Soccorso! Aiuto! Otello uccise
Desdemona!

SCENA QUARTA

Otello. Emilia. Lodovico. Cassio. Jago.
Poi Montano con gente armata.

TUTTI (tranne Otello ed Emilia)
155 Quai grida! Orrore! Orrore!
EMILIA
Jago, smentisci quel vile assassino.
Hai tu creduto Desdemona infida?
Parla!
JAGO
Tal la credea.
OTELLO
160 Quel fazzoletto

EMILIA

Assassino!

OTELLO

È stata l'amante di Cassio. Domandalo a Jago.

EMILIA

A Jago?!

OTELLO

A Jago.

EMILIA

Sciocco!! E tu gli hai creduto?...

OTELLO

Osi negarlo?!

(fa per avvicinarsi minaccioso ad Emilia.)

EMILIA

Non mi fai paura.

OTELLO

(la afferra)

Stai attenta!

EMILIA

(si libera e corre verso la porta gridando disperatamente)

Olà! Soccorso! Aiuto! Otello ha ucciso Desdemona!

155. Entrano Cassio e Jago, Lodovico e quindi Montano. Rapide scale e arpeggi sottolineano le dichiarazioni e le ammissioni che portano alla luce la tragica verità. Jago tenta ancora di negare l'evidenza con disinvoltura, ma, ormai scoperto, fugge inseguito dai soldati. Anche in questo punto il libretto diverge dall'opera di Shakespeare, in cui Jago uccide la moglie e viene arrestato.

SCENA QUARTA

Otello. Emilia. Lodovico. Cassio. Jago.
Poi Montano con gente armata.

TUTTI (tranne Otello ed Emilia)

Quali grida! Orrore! Orrore!

EMILIA

Jago, smentisci quel vile assassino.
Hai creduto Desdemona infedele?
Parla!

JAGO

Tale la credevo.

OTELLO

Essa ha donato a Cassio

Che un dì le diedi, a Cassio essa donava.

EMILIA
O potenza divina!

JAGO (ad Emilia)
Taci.

EMILIA
No.

JAGO
165 Taci.

EMILIA
No! Costui
Dalla mia man quel fazzoletto svelse
A viva forza.

CASSIO
E nella mia dimora
170 Trovai quel vel.

MONTANO
(entrando ed indicando Jago.)
Rodrigo morente
Mi svelò di quest'uom l'arti nefande.

OTELLO (a Jago)
Ah! discolpati!

JAGO (fuggendo)
No.

LODOVICO
175 Ferma.

MONTANO
S'insegua.
(alcuni escono inseguendo Jago.)

TUTTI
Afferratelo!

OTELLO
(slanciandosi per afferrar la spada.)
E il ciel non ha più fulmini?!...

LODOVICO
La spada a me!

OTELLO
180 Tant'osi? - Niun mi tema
S'anco armato mi vede. Ecco la fine
Del mio cammin... Oh! gloria! Otello fu.

Quel fazzoletto che un giorno le avevo regalato.

EMILIA

O potenza divina!

JAGO (ad Emilia)

Taci.

EMILIA

No.

JAGO

Taci.

EMILIA

No! Costui
Ha strappato dalle mie mani quel fazzoletto
A viva forza.

CASSIO

Ed io l'ho trovato
A casa mia.

MONTANO

(entrando ed indicando Jago.)
Roderigo morente
Mi ha svelato l'intrigo ignobile di quest'uomo.

OTELLO (a Jago)

Ah! discolpati!

JAGO (fuggendo)

No.

LODOVICO

Ferma.

MONTANO

Inseguitelo.

(alcuni escono inseguendo Jago.)

TUTTI

Prendetelo!

OTELLO

(lanciandosi per afferrare la spada.)
E il cielo non ha più fulmini?!...

LODOVICO

Consegnami la spada!

OTELLO

Osi tanto? - Nessuno abbia paura di me
Anche se mi vede armato. Ecco la fine
Della mia vita... Oh! gloria! Otello fu.

180. Tutta l'orchestra in *pianissimo* accompagna le parole di Otello «*Niun mi tema.*» Quindi gli ottoni e i legni, che marcano la consapevolezza della propria fine: «*Otello fu.*»

(lascia cadere la spada.)

(va presso al letto e contempla Desdemona.)

E tu...come sei pallida! e stanca, e muta,
[e bella,
Pia creatura nata sotto maligna stella.

185 Fredda come la casta tua vita, e in cielo
[assorta.
Desdemona! Desdemona!... Ah!
[Morta!... Morta!... Morta!...

(estraendo furtivamente dalle vesti un pugnale.)

Ho un'arma ancor!

(si ferisce.)

CASSIO

Ah! Ferma!

TUTTI

Sciagurato!

OTELLO

190 Pria d'ucciderti... sposa... ti baciai.
Or morendo... nell'ombra... ov'io mi
[giacio...
Un bacio... un bacio ancora... un altro
[bacio...

(muore.)

(lascia cadere la spada.)
(va presso al letto e contempla Desdemona.)
E tu... come sei pallida! e stanca, muta e bella,

Creatura devota nata sotto una cattiva stella.
Fredda come la tua vita pura, e salita in cielo.

Desdemona! Desdemona!...Ah!
[Morta!...Morta!...Morta!...
(estraendo di nascosto dalle vesti un pugnale.)
Ho ancora un'arma!
(si ferisce.)
CASSIO
Ah! Ferma!
TUTTI
Sciagurato!
OTELLO
Prima di ucciderti... sposa... ti ho baciata.
Ora morendo... nell'ombra... in cui mi trovo...
Un bacio... un bacio ancora... un altro bacio...
(muore.)

190. È la fine. La tragedia dell'amore si è compiuta. Ma l'amore sopravvive alla morte ed il motivo del bacio finale (prima dell'uccisione accennato una quarta sopra) torna nella tonalità di Mi maggiore.

131

INDICE

Amato
Mondo italiano
testi autentici sulla realtà sociale
e culturale italiana
• libro dello studente
• quaderno degli esercizi

Ambroso e Stefancich
Parole
10 percorsi nel lessico italiano
esercizi guidati

Avitabile
Italian for the English-speaking

Balboni
GrammaGiochi
per giocare con la grammatica
schede fotocopiabili

Ballarin e Begotti
Destinazione Italia
l'italiano per operatori turistici
• manuale di lavoro
• 1 audiocassetta

Barki e Diadori
Pro e contro
conversare e argomentare in italiano
• 1. liv. intermedio - libro dello studente
• 2. liv. intermedio-avanzato - libro dello studente
• guida per l'insegnante

Battaglia
Grammatica italiana per stranieri

Battaglia
Gramática italiana
para estudiantes de habla española

Battaglia
Leggiamo e conversiamo
letture italiane con esercizi
per la conversazione

Battaglia e Varsi
Parole e immagini
corso elementare di lingua italiana
per principianti

Bettoni e Vicentini
Passeggiate italiane
lezioni di italiano - livello avanzato

Bettoni e Vicentini
Imparare dal vivo *
lezioni di italiano - livello avanzato
• manuale per l'allievo
• chiavi per gli esercizi

Buttaroni
Letteratura al naturale
autori italiani contemporanei
con attività di analisi linguistica

Camalich e Temperini
Un mare di parole
letture ed esercizi di lessico italiano

Carresi, Chiarenza e Frollano
L'italiano all'opera
attività linguistiche
attraverso 15 arie famose

Cherubini
L'italiano per gli affari
corso comunicativo di lingua
e cultura aziendale
• manuale di lavoro
• 1 audiocassetta

Cini
Strategie di scrittura
quaderno di scrittura - livello intermedio

Diadori
Senza parole
100 gesti degli italiani

du Bessé
PerCORSO GUIDAto
guida di Roma con attività ed esercizi

Gruppo META
Uno
corso comunicativo di italiano - primo livello
• libro dello studente
• libro degli esercizi e sintesi di grammatica
• guida per l'insegnante
• 3 audiocassette

Gruppo META
Due
corso comunicativo di italiano - secondo livello
• libro dello studente
• libro degli esercizi e sintesi di grammatica
• guida per l'insegnante
• 4 audiocassette

Gruppo NAVILE
Dire, fare, capire
l'italiano come seconda lingua
• libro dello studente
• guida per l'insegnante
• 1 audiocassetta

Humphris, Luzi Catizone, Urbani
Comunicare meglio
corso di italiano
livello intermedio-avanzato
• manuale per l'allievo
• manuale per l'insegnante
• 4 audiocassette

**Istruzioni per l'uso
dell'italiano in classe 1**
88 suggerimenti didattici
per attività comunicative

**Istruzioni per l'uso
dell'italiano in classe 2**
111 suggerimenti didattici
per attività comunicative

Jones e Marmini
Comunicando s'impara
esperienze comunicative
• libro dello studente
• libro dell'insegnante

Maffei e Spagnesi
Ascoltami!
22 situazioni comunicative
• manuale di lavoro
• 2 audiocassette

Marmini e Vicentini
Passeggiate italiane
lezioni di italiano - livello intermedio

Marmini e Vicentini
Imparare dal vivo *
lezioni di italiano - livello intermedio
• manuale per l'allievo
• chiavi per gli esercizi

Marmini e Vicentini
Ascoltare dal vivo
manuale di ascolto - livello intermedio
• quaderno dello studente
• libro dell'insegnante
• 3 audiocassette

Paganini
ìssimo
quaderno di scrittura - livello avanzato

Pontesilli
Verbi italiani
modelli di coniugazione

Quaderno IT - n. 1
esame per la certificazione
dell'italiano come L2 - livello avanzato
prove del 1994 e del 1995
• volume+audiocassetta

Quaderno IT - n. 2
esame per la certificazione
dell'italiano come L2 - livello avanzato
prove del 1996 e del 1997
• volume+audiocassetta

Radicchi e Mezzedimi
Corso di lingua italiana
livello elementare
• manuale per l'allievo
• 1 audiocassetta

Radicchi
Corso di lingua italiana
livello intermedio

Radicchi
In Italia
modi di dire ed espressioni idiomatiche

Spagnesi
Dizionario dell'economia e della finanza

Stefancich
Cose d'Italia
tra lingua e cultura

Totaro e Zanardi
Quintetto italiano
approccio tematico multimediale
livello avanzato
• libro dello studente con esercizi
• libro per l'insegnante
• 2 audiocassette
• 1 videocassetta

Ulisse
Faccia a faccia
attività comunicative
livello elementare-intermedio

Urbani
Senta, scusi...
programma di comprensione auditiva
con spunti di produzione libera orale
• manuale di lavoro
• 1 audiocassetta

Urbani
Le forme del verbo italiano

Verri Menzel
La bottega dell'italiano
antologia di scrittori italiani del Novecento

Vicentini e Zanardi
Tanto per parlare
materiale per la conversazione
livello medio-avanzato
• libro dello studente
• libro dell'insegnante

Bonacci editore

Classici italiani per stranieri
testi con parafrasi* a fronte e note

1. Leopardi • *Poesie**
2. Boccaccio • *Cinque novelle**
3. Machiavelli • *Il principe**
4. Foscolo • *Sepolcri e sonetti**
5. Pirandello • *Così è (se vi pare)*
6. D'Annunzio • *Poesie**
7. D'Annunzio • *Novelle*
8. Verga • *Novelle*

9. Pascoli • *Poesie**
10. Manzoni • *Inni, odi e cori**
11. Petrarca • *Poesie**
12. Dante • *Inferno**
13. Dante • *Purgatorio**
14. Dante • *Paradiso**
15. Goldoni • *La locandiera*

Libretti d'opera per stranieri
testi con parafrasi* a fronte e note

1. *La Traviata**
2. *Cavalleria rusticana**
3. *Rigoletto**
4. *La Bohème**
5. *Il barbiere di Siviglia**

6. *Tosca**
7. *Le nozze di Figaro*
8. *Don Giovanni*
9. *Così fan tutte*
10. *Otello*

Letture per stranieri

1. Marretta • *Pronto, commissario...? 1*
16 racconti gialli con soluzione ed esercizi per la comprensione del testo

2. Marretta • *Pronto, commissario...? 2*
16 racconti gialli con soluzione ed esercizi per la comprensione del testo

Mosaico italiano
racconti per stranieri

1. Santoni • *La straniera*
2. Nabboli • *Una spiaggia rischiosa*
3. Nencini • *Giallo a Cortina*
4. Nencini • *Il mistero del quadro di Porta Portese*

5. Santoni • *Primavera a Roma*
6. Castellazzo • *Premio letterario*
7. Andres • *Due estati a Siena*

Bonacci editore

Linguaggi settoriali

Dica 33
il linguaggio della medicina
• libro dello studente
• guida per l'insegnante
• 1 audiocassetta

Una lingua in pretura
il linguaggio del diritto
• libro dello studente
• guida per l'insegnante
• 1 audiocassetta

L'arte del costruire
• libro dello studente
• guida per l'insegnante

I libri dell'arco

1. Balboni • *Didattica dell'italiano a stranieri*

2. Diadori • *L'italiano televisivo*

3. Micheli • *Test d'ingresso di italiano per stranieri*

4. Benucci • *La grammatica nell'insegnamento dell'italiano a stranieri*

5. AA.VV. • *Curricolo d'italiano per stranieri*

6. Coveri, Benucci, Diadori •*Le varietà dell'italiano*

Università per Stranieri di Siena - Bonacci editore

Finito di stampare nel mese di settembre 1999 dalla Tibergraph s.r.l. - Città di Castello (PG)